SENTENCE ARBITRALE.

SENTENCE

ARBITRALE

RENDUE PAR SA MAJESTÉ

L'EMPEREUR DES FRANÇAIS

Napoléon III

SUR LES RÉCLAMATIONS RÉCIPROQUES

DE SON ALTESSE LE BEY DE TUNIS

ET DU GÉNÉRAL BENAÏAD.

PARIS,

TYPOGRAPHIE DE EUGÈNE PENAUD,

RUE DU FAUBOURG-MONTMARTRE, 10.

—

1857

RÉFLEXIONS PRÉLIMINAIRES.

Le débat qui s'est élevé entre le gouvernement de S. A. le Bey de Tunis et son ancien sujet, M. Benaïad, n'est plus, depuis longtemps, un secret pour personne; la nature des intérêts engagés, le chiffre des réclamations élevées, l'étrangeté même d'une contestation soulevée entre un souverain et un particulier, tout contribuait à exciter l'attention publique.

M. Benaïad, qui avait occupé simultanément d'importants emplois financiers dans la Régence de Tunis, avait un jour quitté son pays, abdiqué sa nationalité; il avait profité d'un voyage à l'étranger pour devenir étranger, et avait fixé sa résidence en France pour y jouir de l'immense fortune qu'il avait apportée avec lui.

Cette fortune était-elle le résultat de gains licites? M. Benaïad, en partant, n'avait rendu aucun compte régulier de la totalité de sa gestion; dans ces circonstances, le gouvernement de S. A. le Bey s'est adressé à un souverain, à l'Empereur des Français, pour faire rendre justice à un souverain. Afin de préparer les éléments d'une décision relative aux nombreux et complexes litiges soumis à son appréciation, S. M. l'Empereur a institué une commission prise dans le sein du comité du contentieux du ministère des Affaires Étrangères. Véritable faisceau de lumières judiciaires, politiques et administratives, composée d'hommes éminents qui ont blanchi dans la pratique des affaires et dont l'intégrité n'est pas moins universellement reconnue que la science, cette commission a consacré plus de deux ans à étudier la question, à s'entourer des témoignages les plus authentiques, les plus irrécusables, à recueillir les pièces les plus probantes, à écouter contradictoirement les représentants de S. A. le Bey et M. Benaïad, à comparer entre eux les documents, les renseignements, les allégations. De cette minutieuse enquête, de ce long et impartial examen, est résultée une sentence qui, approuvée depuis par S. M. l'Empereur, a désormais force de chose jugée : c'est cette pièce capitale, avec ses développements considérables, qu'on publie intégralement.

Aujourd'hui, l'arrêt est rendu ; l'impartialité du Tribunal, l'autorité des membres qui le constituaient, l'autorité plus grande de la consécration impériale qu'a reçue cet arrêt, lui impriment le caractère le plus élevé : on croit donc inutile, en le publiant, de le faire précéder de compendieuses observations ou d'inutiles commentaires sur les origines de l'affaire. S. A. le Bey de Tunis avait été attaquée dans ce qu'elle avait de plus cher, l'estime du monde civilisé : c'est une victoire morale que le Bey voulait remporter, c'est une telle victoire qu'il a obtenue ; jusqu'à quel point elle a été complète, c'est ce que le lecteur comprendra aisément par les indications numériques et les courtes explications dont nous ferons suivre le texte officiel. Tout cela, ce sont des paroles prononcées par des tiers désintéressés, ce sont des chiffres, véritables constatations de résultats acquis, matériellement établis ; mais rien qui ressemble à des attaques, à des personnalités auxquelles nous répugnons.

Répétons-le donc hautement : en livrant cette sentence à l'impression, ce n'est point une polémique que nous avons prétendu alimenter ou renouveler, c'est de la lumière que nous avons voulu apporter. Forts de notre droit, de la justice de notre cause, nous avons voulu l'être aussi de la modération avec laquelle nous la défendons, de l'autorité des faits rétablis dans leur jour propre.

En étudiant cette sentence avec quelque soin, on se convaincra de la loyauté du gouvernement du Bey, des principes d'équité qui le dirigent et de la noblesse des sentiments qui l'animent; mais on comprendra aussi, et ce n'est pas le témoignage le moins flatteur pour ce noble pays où nous avons reçu une si sympathique hospitalité, on comprendra qu'en France la justice est une pour tous les peuples, toutes les croyances, toutes les sociétés; enfin, que les étrangers y trouvent un recours assuré dans des lois largement conçues, équitablement interprétées, strictement appliquées.

C'est cette conviction consolante, cette satisfaction inappréciable qui nous détermine à publier la sentence; elle n'est pas moins honorable pour S. A. le Bey qui en a bénéficié, que pour le gouvernement de S. M. l'Empereur Napoléon qui l'a rendue.

COPIE.

LETTRE ADRESSÉE A M. LE GÉNÉRAL KHÉRÉDINE
PAR S. E. M. LE MINISTRE DES AFFAIRES ÉTRANGÈRES

Paris, le 19 décembre 1856.

Monsieur, j'ai l'honneur de vous remettre, par ordre de l'Empereur, une expédition de la sentence arbitrale que Sa Majesté a rendue sur les réclamations réciproques de Son Altesse le Bey de Tunis et de M. le général Mahmoud Benaïad. Les comptes ont été réglés toutes les fois que les documents produits de part et d'autre l'ont permis. Quant à ceux dont la sentence arbitrale a dû se borner à poser les bases, l'Empereur a décidé que ces comptes devront être établis à Tunis.

Recevez, Monsieur, les assurances de ma haute considération.

(Signé) A. **WALEWSKI.**

Monsieur le général Khérédine,
Fondé de pouvoirs de S. A. le Bey de Tunis à Paris.

PREMIÈRE PARTIE.

RÉCLAMATIONS

de Son Altesse le **Bey de Tunis**

contre le Général **Benaïad.**

Cette partie se divise en cinq sections :

1re SECTION, **Affaire de la Banque.**

2e SECTION, **Céréales.**

3e SECTION, **Teskérés.**

4e SECTION, **Huiles.**

5e SECTION, **Numéraire.**

PREMIÈRE SECTION.

AFFAIRE DE LA BANQUE.

PREMIÈRE SECTION

Affaire de la Banque.

LE COMITÉ,

Considérant que, par deux amras en date des 20 chaban et 22 ramadan de l'année 1263, Son Altesse le Bey de Tunis a institué une Banque à Tunis et nommé le général Benaïad directeur de cette Banque ;

Qu'en cette qualité, le général Benaïad a reçu du gouvernement de Son Altesse une valeur de 4,888,600 piastres tunisiennes en billets de banque ; que la délivrance de ces billets est constatée par des reçus émanés du général Benaïad, et n'est point, d'ailleurs, par lui contestée ;

Qu'aux termes des amras constitutifs, les billets, ou, en cas d'émission, leur contre-valeur en numéraire devaient se trouver à la Banque ;

Que cette obligation imposée au directeur a été formellement reconnue par le général Benaïad, dans son reçu en date du 26 zilhegge 1265 ;

Qu'aux termes de ces amras, le directeur devait échanger les billets à ceux qui les présenteraient, avec l'escompte de quatre pour cent, sans faire éprouver aux porteurs aucun retard, *pas même d'une heure* ;

Considérant que Son Altesse le Bey de Tunis, avertie que la Banque se refusait à l'échange, contre argent, des billets présentés, ordonna, le 13 chaban 1269, qu'il serait procédé à la vérification de la caisse de la Banque et à celle des billets émis ;

Que, de la vérification à laquelle il a été procédé par le Kasnadar, en présence de l'agent préposé par le général Benaïad à l'administration de la Banque et contradictoirement avec lui, il est résulté qu'il ne se trouvait en caisse qu'une somme de 125,000 piastres ;

Que les fonds que le général Benaïad allègue avoir été déposés par lui à la Monnaie, pour son compte et par Hermas, eussent-ils été suffisants pour couvrir la valeur des billets émis, ce qui n'est pas prétendu, ne pourraient être, en aucun cas, considérés comme la contre-valeur en numéraire exigée par les amras constitutifs ;

Considérant qu'on n'a trouvé en billets qu'une valeur de 60,000 piastres, provenant de quatre registres à souche autres que ceux qui avaient été remis au général Benaïad ;

Que, quant aux billets remis au général Benaïad pour une valeur de 4,888,600 piastres, ils avaient été détachés des registres à souche, et ne se sont pas retrouvés en nature ;

Considérant que dix jours ayant été donnés aux porteurs de billets émis pour faire reconnaître leurs droits, il a été constaté qu'il avait été émis par le général Benaïad, sur les billets dont il avait donné reçu, des billets de banque pour une valeur argent de 1,610,850 piastres, et que Son Altesse a garanti aux porteurs le payement de ses billets ;

Considérant que le général Benaïad reconnaît dans ses nombreux mémoires qu'il avait à cette époque dans ses mains et détient encore des billets de banque pour une valeur de 3,277,750 piastres, billets qu'aux termes des actes constitutifs de son privilége il ne pouvait retirer de la caisse de la Banque sans les remplacer par une contre-valeur en numéraire ;

EST D'AVIS

Qu'en ces circonstances, Son Altesse le Bey de Tunis est bien fondée à réclamer du général Benaïad la remise des 3,277,750 piastres en billets restés dans ses mains, et la restitution *en argent* des sommes représentées par les billets émis et dont elle a garanti le payement;

Que, toutefois, il y a lieu de déduire de cette somme : 1° 125,000 piastres trouvées dans la caisse au moment de la vérification; 2° une somme de 490,000 piastres restant due à la Banque par son gouvernement sur un emprunt de 800,000 piastres en billets, consenti le 14 rabi-el-aoual 1268 ;

Et qu'ainsi la somme à restituer en argent par le général Benaïad doit être réduite à celle de 995,850 piastres : *neuf cent quatre-vingt-quinze mille huit cent cinquante piastres.*

DEUXIÈME SECTION.

CÉRÉALES.

Rabta. — Alpha. — Koucha.

DEUXIÈME SECTION.

Céréales.

LE COMITÉ,

Considérant que, par convention en date du 28 chaoual 1262, le général Benaïad a été constitué fermier de la Rabta, de l'Alpha et de la Koucha du Bardo, moyennant une redevance fixée originairement à 100,000 piastres par an (voir 5e Section, Numéraire, — solution du § 12) ;

Qu'aux termes de cette convention, le bail devait remonter jusqu'au 4 chaban 1259 ;

Qu'il était tenu de se conformer, quant à la recette et à la livraison des grains, au règlement de Bahram en ce qui concerne la Rabta, au règlement de Ben-Abbas pour l'Alpha, enfin au règlement de Bahrini pour la boulangerie, ni plus ni moins ;

En ce qui touche les comptes relatifs aux perceptions faites antérieurement au 4 chaban 1259 :

Considérant qu'il n'y a lieu de distinguer entre les services confiés au père du général Benaïad et les services confiés à celui-ci, puisque le général Benaïad déclare accepter la responsabilité de tous ces services;

Considérant que les comptes qui ont été présentés par les comptables, et acceptés par Son Altesse le Bey de Tunis, devaient être rendus de clerc à maître, et que les apurements ont été inscrits sur les registres du Gouvernement comme portant libération, et qu'en conséquence, il n'y a lieu de revenir sur ces comptes;

En ce qui touche les années 1259, 1260, 1261 et années suivantes, jusqu'à djoumad-el-aoual de l'année 1267;

Sur les comptes de la Rabta, et sans qu'il soit besoin de rechercher si la recette et la livraison des grains ont été faites par le général Benaïad pour ces années, conformément au règlement de Bahram:

Considérant que par plusieurs décisions de Son Altesse le Bey de Tunis, décisions inscrites sur les registres du Gouvernement, il a été statué sur lesdits comptes; que ces décisions ne sont pas intervenues à titre provisoire; qu'au contraire, soit qu'elles doivent être considérées comme portant apurement, soit qu'elles portent remise, elles présentent un caractère de décisions définitives; qu'à l'époque où elles sont intervenues, les comptes de Bahram n'avaient pas encore été rendus, et qu'en l'absence de toute preuve contraire, l'on doit présumer que l'apurement définitif des comptes présentés par le général Benaïad n'a pas été renvoyé à l'époque, encore incertaine, où seraient dressés les comptes de Bahram;

Qu'en conséquence, Son Altesse le Bey n'est pas recevable à demander qu'il soit fait une révision de ces comptes;

Considérant, toutefois, qu'il n'a pas été statué sur les comptes du général Benaïad depuis djoumad-el-aoual 1267; qu'en l'absence de décision portant apurement et libération, il y a lieu de revenir à l'application du contrat primitif, et que, dès lors, Son Altesse le Bey de Tunis est fondée à demander que les perceptions et les recettes soient établies conformément au règlement de Bahram, ainsi que le prescrit le contrat du 28 chaoual 1262;

Que si le règlement de Bahram n'a été définitivement établi que depuis le litige commencé, il résulte des déclarations faites par le Bach-Kateb devant le consul général de France, et des vérifications auxquelles cet agent s'est livré, que ce compte a été établi sur le vu des teskérés délivrés à Bahram à l'époque de ses livraisons, et qui existent encore ; qu'ainsi ce compte est justifié par les pièces comptables admises dans la Régence de Tunis pour l'établissement des comptes des agents du Gouvernement.

En ce qui concerne l'Alpha :

Considérant que par plusieurs décisions de Son Altesse le Bey, décisions inscrites sur les registres du Gouvernement, il a été statué sur les comptes présentés par le général Benaïad jusqu'à la fin de djoumal-el-tani 1267 ; que ces décisions, quel qu'en soit le caractère, et alors même qu'elles devraient être considérées comme rendues à titre de faveur et comme constituant une remise de la dette, présentent le caractère de décisions définitives et entraînent, dès lors, libération ;

Qu'en conséquence, Son Altesse le Bey de Tunis n'est pas recevable à demander qu'il soit procédé à la révision de ces comptes ;

En ce qui concerne les comptes des années suivantes :

Considérant qu'en l'absence de décision portant apurement et libération, il y a lieu de revenir à l'application du contrat, et que Son Altesse le Bey est fondée à demander que les perceptions et les recettes soient établies conformément au règlement de Ben-Abbas;

Considérant que le compte de Ben-Abbas est inscrit à sa date sur les registres du Gouvernement, apuré par un teskéré spécial du Bey alors régnant, en date du 9 chaoual 1257, et qu'il présente, dès lors, le caractère d'une incontestable authenticité,

EST D'AVIS

Que les comptes des céréales pour les années 1267 et 1268 devront être rendus par le général Benaïad conformément à celui de Bahram pour la Rabta, et de Ben-Abbas pour l'Alpha.

En ce qui touche la Koucha :

Considérant que, par décision de Son Altesse le Bey, il a été statué sur les comptes rendus par le général Benaïad jusques et y compris l'année 1264 ;

Que ces décisions ont le caractère d'apurements définitifs, et qu'en conséquence Son Altesse le Bey n'est pas recevable à demander à ce qu'il soit procédé à la révision de ces comptes ;

En ce qui touche les comptes des années suivantes :

Considérant qu'un litige s'étant élevé, en 1264, entre le bach-kateb et le général Benaïad sur les rendements à exiger du général, un amra, en date de redjeb 1264, a réglé la quotité de ces rendements ;

Que cette décision n'est pas applicable seulement aux comptes alors présentés, mais qu'elle détermine les obligations imposées au général pour le reste du bail,

EST D'AVIS

Qu'il y a lieu, pour les années qui suivent 1264, de reconnaître que les perceptions et les recettes doivent être établies conformément au règlement de Bahrini, en tenant compte, toutefois, des modifications dans les rendements consenties par l'amra de 1264.

RÉCLAMATION du général BENAÏAD *s'élevant à 3,624,175 piastres, pour prix de 11,000 caffis de blé et de 26,000 caffis d'orge environ.*

(Voir cet article aux réclamations personnelles du général.)

LE COMITÉ,

Considérant que depuis les amras de Son Altesse le Bey, en date du 1er rejeb 1267 en ce qui concerne les blés, et du 1er sfar 1268 en ce qui concerne les orges, et qui, ainsi que le reconnaît le général Benaïad, le constituaient débiteur de 11,071 caffis de blé et de 5,172 caffis orge, des fournitures de blé et d'orge ont été faites par le général Benaïad, et qu'il y a lieu de tenir compte au général de ces fournitures;

Considérant, d'un autre côté, que le général Benaïad doit compte :

1° Des perceptions de la Rabta, depuis djoumad-el-aoual 1267; de l'Alpha, depuis la fin de djoumad-el-tani 1267; de la Koucha, depuis la fin de rejeb 1264, suivant le mode d'évaluation et avec les bonifications déterminées ci-dessus;

2° Des arriérés présentés par lui dans les comptes antérieurs et qui auraient été perçus par lui ou par ses agents;

Que ni Son Altesse le Bey de Tunis, ni le général Benaïad n'ont produit les pièces comptables, registres ou actes qui permettent de régler, dès à présent, le double compte d'une manière définitive, et que même, sur quelques points, les documents manquent absolument,

EST D'AVIS

Qu'après avoir fixé, ainsi qu'il a été fait, les bases sur lesquelles les comptes seront rendus, il y a lieu de renvoyer les parties à régler entre elles ces deux comptes conformément à ces bases.

TROISIÈME SECTION.

TESKÉRÉS.

TROISIÈME SECTION.

Teskérés

(d'exportation d'huile).

Les seuls teskérés sur lesquels il y ait lieu de statuer sont :

1° 13,000,000 de piastres de teskérés d'exportation d'huile abandonnés au général Benaïad par les amras de keda 1264, djoumad-el-tani 1266 et 1er sfar 1267;

2° 10,000,000 de piastres de teskérés remis au général Benaïad, suivant amra du 2 sfar 1268.

NOTA. Un teskéré ou délégation sur la ferme des cuirs, en date du 20 rebi-el-tani 1268, est compris dans les réclamations de Benaïad (première partie).

LE COMITÉ,

En ce qui touche les teskérés de sortie d'huile abandonnés au général Benaïad par les amras des 22 keda 1264, djoumad-el-tani 1266 et 1er sfar 1267, et montant ensemble à 13,000,000 de piastres et non à 21,000,000, comme avaient paru le croire les agents du Bey, au vu d'un reçu reconnu faire double emploi :

Considérant que ces valeurs étaient destinées :

1° A solder le compte de fournitures de blé et d'orge faites par le général Benaïad et rappelées dans ces amras ;

2° A créer à la Banque des ressources en argent, soit que ces teskérés, déposés dans la caisse de la Banque, dussent en sortir successivement et au fur et à mesure des demandes, soit que, négociés moyennant escompte, ils dussent être immédiatement capitalisés ;

Que cette double destination était une cause sérieuse de la création de ces valeurs, et qu'il n'y a lieu de rechercher si les blés et orges fournis par le général provenaient, pour la totalité, d'achats faits à l'étranger, ou, pour partie, des bonifications par lui réalisées sur les perceptions dont les comptes avaient été définitivement apurés par Son Altesse ;

Considérant qne si l'amra du 1er sfar 1267 autorise la négociation de ces teskérés et approuve les conditions d'escompte et de courtage à 42 pour 100, cette approbation était nécessairement subordonnée à la réalisation de la négociation, à son exécution complète et à l'accomplissement des obligations imposées au général Benaïad par les amras qui l'avaient mis en possession de ces teskérés ;

Considérant que toute l'instruction tend à faire croire que l'acte du 20 août 1850, passé entre la maison Pastré et le général Benaïad, n'a pas été suivi d'exécution et est resté à l'état de simple projet ;

Qu'en effet, le général Benaïad n'a pas versé à la Banque le capital resté libre qui eût été obtenu par la négociation ;

Qu'il résulte de sa correspondance avec les agents chargés de ses intérêts dans la Régence, correspondance produite et d'une date postérieure de près de trois ans à l'acte du 20 août 1850, que la négociation de ces teskérés a continué à être faite successivement, et suivant les demandes du commerce, par les agents du général Benaïad, par ses ordres et sous sa direction ; que c'est à lui que les agents chargés du placement demandaient les instructions qui leur étaient nécessaires et signalaient les mesures que réclamaient les besoins de cette négociation ; que les produits de ces négociations étaient portés dans les comptes à lui rendus, ou à lui directement adressés en argent; qu'enfin, le général Benaïad n'a cessé d'en disposer comme d'une chose lui appartenant;

Que ces preuves seraient, au besoin, confirmées par les lettres écrites par le sieur Pastré au Kasnadar, en octobre et novembre 1852, au moment où il lui annonçait la liquidation de la maison qu'il avait à Tunis,

EST D'AVIS

1° Que, dans ces circonstances, il n'y a lieu d'accorder au général Benaïad les 42 pour 100 d'escompte et de courtage qu'il réclame;

2° Qu'il y a lieu de lui allouer le montant des fournitures rappelées dans ces amras, et s'élevant ensemble à cinq millions trois cent soixante-quinze mille piastres;

3° Que les sept millions six cent vingt-cinq mille piastres faisant le surplus des treize millions doivent être restitués à Son Altesse.

LE COMITÉ,

En ce qui touche les 10,000,000 de piastres de teskérés remis au général Benaïad, suivant amra du 2 sfar 1268 :

Considérant que la cession faite par le général Benaïad porte la date du 20 février 1854 ;

Qu'elle est donc postérieure, de près d'une année, à la vérification faite à la Banque par les ordres de Son Altesse ; aux mesures conservatrices qu'avait motivées la non-présence dans les caisses de la Banque des valeurs, billets ou teskérés remis au général, ou de leur contre-valeur en numéraire ; enfin, à l'avertissement donné qu'il n'y avait plus lieu à recevoir de Benaïad et de ses fondés de pouvoirs ni billets de banque, ni teskérés d'exportation d'huile, jusqu'à ce qu'il se fût mis en règle avec le Gouvernement ;

Que cet avertissement a été non-seulement transmis, en mai 1853, aux divers consuls et chargés d'affaires à Tunis, mais qu'il a reçu en France la plus grande publicité,

EST D'AVIS

Que, dans ces circonstances, il n'y a lieu d'allouer au général l'escompte et le courtage de 62 pour 100 qu'il réclame sur ces 10,000,000 de piastres;

Qu'il y a lieu d'ordonner la restitution à Son Altesse des 10,000,000 de piastres;

Sauf à Elle à tenir compte de trois millions trois cent soixante-quinze mille piastres pour 15,000 caffis de froment et 15,000 caffis d'orge que l'amra du 2 sfar 1268 autorise le général à livrer à l'entrepôt, s'il est justifié par le général que cette livraison a effectivement eu lieu postérieurement au 2 sfar 1268.

QUATRIÈME SECTION.

HUILES.

QUATRIÈME SECTION.

Huiles.

---

§ Ier. 42,900 métaux reçus de Hadj-Hassuna-ben-el-Hadj et de Ahmed-ben-el-Cheik.

N° 1er. 22,000 métaux reçus de Hadj-Hassuna-ben-el-Hadj.

LE COMITÉ,

Considérant que les quantités d'huile dont le général Benaïad pouvait se trouver débiteur ou créancier envers Son Altesse le Bey ont été l'objet de différents arrêtés de compte ;

Que, notamment, par amra du 5 rebi-el-tani 1268, les comptes respectifs ont été réglés et que le général Benaïad a été déclaré créancier de 17,637 métaux ;

Que ce règlement n'est point un obstacle absolu à ce que les quantités qui auraient été omises dans les divers comptes soient réclamées par Son Altesse le Bey, mais que ces réclamations ne peuvent être admises qu'autant que les omissions ou les erreurs seraient incontestablement établies ;

Que Son Altesse le Bey a fondé ses prétentions sur l'existence de deux teskérés

4

donnés au général, l'un de 10,000, l'autre de 12,000 métaux, et tirés sur Hadj-Hassuna, qui en aurait délivré le montant; que ces teskérés ne sont pas représentés; que, pour établir qu'ils ont réellement existé, les agents de Son Altesse le Bey invoquent les énonciations des registres du palais relatives au règlement de compte entre le Gouvernement et Hadj-Hassuna;

Considérant que ces énonciations ne peuvent être admises comme une justification suffisante;

Qu'en effet, ces mentions sont ainsi conçues : « Il (Hadj-Hassuna) rendra compte « de ce qu'il a livré à notre fils Mahmoud Benaïad 10,000 métaux;

« Il rendra compte de ce qu'il a livré à notre fils Mahmoud Benaïad 12,000 « métaux; »

Que, dans ces mentions, la date à laquelle ces versements auraient été faits n'est point indiquée; qu'il n'est point exprimé que les 12,000 métaux aient été remis au général Benaïad en vertu de teskérés délivrés par Son Altesse le Bey; qu'il n'est point dit que deux teskérés distincts aient été produits par Hadj-Hassuna;

Qu'en supposant que des mentions inscrites sur les registres du palais relatives au règlement des comptes entre Son Altesse le Bey et Hadj-Hassuna pussent être opposées au général Benaïad, qui est un tiers, et qui a été étranger à ce règlement; dans le cas particulier, elles n'ont ni la précision ni la clarté nécessaires pour être admises comme des preuves suffisantes;

Que, d'ailleurs, des contrepassements d'écritures, qui ont été également invoqués par Son Altesse le Bey, ne sont point justifiés; que la date n'en est pas indiquée; qu'ils ne figurent que dans un compte récemment produit auquel on ne saurait même attribuer l'autorité qui peut être accordée aux registres du palais,

EST D'AVIS

Qu'il n'y a lieu d'accueillir la réclamation dont il s'agit.

N° 2. 20,900 métaux reçus de Ahmet-ben-el-Cheik.

LE COMITÉ,

Considérant que, sur la demande formée contre le général Benaïad, il a répondu qu'il avait reçu d'Ahmet-ben-el-Cheik, non pas 20,900 métaux, mais seulement 19,558 métaux 5 saas; que la réception de cette quantité d'huile ne l'avait point constitué débiteur envers Son Altesse le Bey, puisque, en délivrant le teskéré des 19,558 métaux 5 saas, Son Altesse le Bey n'avait fait que s'acquitter envers lui d'une égale quantité d'huile qu'il lui devait;

Considérant qu'à l'appui de cette réponse le général Benaïad a produit, en original, un teskéré du 26 kada 1265, qui constate qu'en effet il était créancier des 19,558 métaux 5 saas, et qui porte au dos la mention suivante revêtue du sceau du Bey :

« Le reliquat mentionné d'autre part s'élève à 19,558 métaux et 5 saas pour « lesquels nous avons donné à Mahmoud Benaïad un mandat sur notre fils Ahmed-« ben-el-Cheik, apallateur des Gabas. — Écrit le 30 rebi-el-tani 1266; »

Considérant qu'au nom du Bey il a été répliqué qu'il ne fallait pas confondre les 19,558 métaux 5 saas portés dans le teskéré du 26 kada 1265, avec les 20,900 métaux dont la réclamation était faite; que ceux-ci n'avaient pas été l'objet d'un seul teskéré, mais bien de deux teskérés distincts, l'un de 14,900 métaux et l'autre de 6,000, mentionnés sur les registres du palais; qu'à l'appui de cette allégation ont été produits des extraits des registres visés et certifiés par le premier interprète du consulat de France à Tunis;

Que les agents du Bey ont ajouté que, sur la production du teskéré de 19,558 métaux 5 saas, *ils s'en rapportaient à ce qu'ils avaient dit pages 14 et 15 de leur réponse aux questions du Comité*, et qu'on lit au passage auquel ils renvoient : « Si M. Benaïad est créditeur du Gouvernement de 19,558 métaux « 5 saas, par suite d'un règlement de compte pour les deux années 1261, 1263, « qu'il présente le teskéré du Bey, daté du 26 kada 1265, qu'il dit avoir en sa « possession ; cette dette ainsi constatée sera immédiatement portée à son crédit, « en déduction des huiles que le Gouvernement tunisien lui réclame ; »

Considérant que les mentions portées aux registres du palais sont ainsi conçues :

« Un teskéré en faveur de notre fils Mahmoud Benaïad, général de brigade, « pour une égale quantité qu'il a livrée pour notre service, 14,900 métaux ;

« Un teskéré en faveur de Mahmoud Benaïad, général de brigade, 6,000 métaux ; »

Que ces énonciations présentent un caractère de netteté et de précision incontestables ; qu'elles indiquent clairement la délivrance de deux teskérés distincts au général Benaïad ;

Que, d'ailleurs, la défense de celui-ci a consisté, en réalité, à prétendre que si les 20,900 métaux étaient portés à son débit, il devait, par contre, être crédité des 19,558 métaux 5 saas portés au teskéré du 26 kada 1265 ;

Que, de leur côté, ainsi qu'on l'a vu, les agents du Bey, après avoir déclaré d'abord, dans leur réponse, pages 14 et 15, que si le teskéré du 26 kada 1265 était produit, la quantité de 19,558 métaux *serait immédiatement portée au crédit du général Benaïad,* ont dit, après la production dudit teskéré, *qu'ils s'en rapportaient à leur réponse*,

EST D'AVIS

Qu'il y a lieu d'admettre, d'une part, la réclamation de Son Altesse le Bey pour 20,900 métaux, et de porter, par contre, au crédit du général Benaïad, 19,558 métaux 5 saas.

§ II. 90,749 métaux 5 saas.

LE COMITÉ,

Considérant que Son Altesse le Bey réclame ces 90,749 métaux 5 saas, en se fondant sur ce que le général Benaïad les porte à son crédit dans le compte réglé par l'amra du 5 rebi-el-tani 1268, et ce en vertu de deux teskérés à lui délivrés, l'un pour la quantité de 13,558 métaux 5 saas, et l'autre pour celle de 77,191 métaux, quoiqu'il n'ait jamais fourni la valeur de ces deux teskérés ;

Considérant que, selon les agents du Bey, les deux teskérés ont été délivrés au général Benaïad, non pour s'acquitter envers lui d'une créance actuellement existante, mais comme payement anticipé de fournitures qu'il se chargeait de faire, soit à Son Altesse le Bey, soit aux personnes par lui désignées, et que dans la réalité les fournitures n'ont jamais été faites ;

Considérant qu'il ne suffit pas aux agents de Son Altesse le Bey d'alléguer que les teskérés ont été donnés en payement de fournitures à faire et que ces fournitures n'ont point été effectuées, pour détruire d'abord l'effet qui résulte de la délivrance même des teskérés; en second lieu, de la déclaration qui termine le compte dans lequel ils ont été compris, et par laquelle Son Altesse le Bey se reconnaît purement et simplement débiteur de 17,637 métaux 8 saas ;

Considérant que dans ce compte produit par les agents de Son Altesse le Bey, les articles relatifs aux 90,749 métaux sont ainsi libellés : « Teskéré pour les « besoins de Son Altesse notre seigneur, que Dieu le conserve, 13,558m 5s
« Id. id. 77,191 »

Que cette rédaction n'indique point que la valeur des teskérés consistât en fournitures à faire,

EST D'AVIS

Qu'il n'y a lieu d'accueillir la demande de Son Altesse le Bey.

---

§ III. 9,350 métaux montant des fermages de Tiach, pour 1267.	7,000 m.
de Teboursouk, pour 1264.	1,100
de Tastour, pour 1264.	1,250
Total.	9,350

LE COMITÉ,

Considérant que, dans l'intérêt du général Benaïad, pour repousser cette réclamation, on a soutenu dès l'origine, et l'on persiste encore à soutenir, qu'il n'a point été fermier de Tiach pour 1267, et de Teboursouk et Tastour pour 1264; que Son Altesse le Bey n'a point représenté et ne représente point encore le bail qui aurait été consenti au général Benaïad; que le règlement du compte du 5 rebi-el-tani de 1268 met le général à l'abri de toute réclamation de ce genre;

Qu'au nom de Son Altesse le Bey on produit un acte passé par devant notaires, portant la date du 27 redjeb 1267, par lequel le général Benaïad aurait sous-loué les dîmes de Tiach à Mohamed Boukram;

Que le général Benaïad répond que cet acte est faux; qu'il n'est point revêtu de sa signature; que cette circonstance est décisive, puisque, ayant perdu son cachet, il y a environ quinze ans, il déclara dans une circulaire que désormais il ne reconnaîtrait comme obligatoires pour lui que les actes revêtus de sa signature; que, d'ailleurs, en fait, le véritable fermier des dîmes de Tiach pour l'année **1267** a été Chaban-el-Mokadem; que cette qualité a été conférée à ce dernier par un amra du Bey, dont Chaban-el-Mokadem lui-même a reconnu l'existence, et a déclaré que la transcription avait été faite sur les registres de Son Altesse le Bey; que cet aveu et cette déclaration se trouvent consignés dans un procès-verbal dressé par M. le consul général de France et qui est produit par le général Benaïad;

Mais, considérant que le sous-bail, passé devant notaires, et qui suppose l'existence du bail consenti au général Benaïad par Son Altesse le Bey, ne peut être écarté du débat par la seule déclaration du général Benaïad « que ce sous-bail est un acte faux »; que cette déclaration n'est accompagnée d'aucune preuve; qu'aucune présomption n'est même invoquée qui puisse lui donner quelque consistance; qu'il n'y a point lieu de s'arrêter à la circulaire que le général Benaïad crut devoir publier à la suite de la perte de son cachet; qu'elle était une précaution prise contre les abus qu'auraient pu faire du cachet ceux qui l'auraient trouvé, en l'apposant sur des actes sous seings privés; mais que cela ne suffit point pour enlever à des actes passés devant notaires l'autorité qui s'attache à des instruments dressés par des officiers publics, et dans lesquels la signature des parties n'est point nécessaire; que, suivant les assertions de Son Altesse le Bey, non contredites par le général Benaïad, non-seulement la loi civile, mais même la loi religieuse imprime, à Tunis, aux actes dressés par des notaires, un caractère obligatoire et une force probante auxquels il ne suffit pas d'opposer une allégation pure et simple de fausseté pour en détruire l'effet;

Que le procès-verbal dressé par M. le consul général de France constate seulement que Chaban-el-Mokadem a déclaré qu'un amra du Bey lui avait donné la ferme des dîmes de Tiach pour 1267, et cet amra a été transcrit sur les registres du palais; mais que les agents de Son Altesse le Bey, interpellés sur ce point, ont formellement protesté contre cette allégation;

Considérant, enfin, que Son Altesse le Bey a produit cinq lettres émanées du général Benaïad dans le cours de l'année 1267; que deux supposent dans Mohammed-bou-Hasam la qualité de fermier de Tiach, et que trois la lui donnent formellement; que, dans les observations que le général Benaïad a été appelé à présenter sur cette production, il n'a rien dit pour en atténuer les conséquences;

Qu'ainsi, et nonobstant le règlement du 5 rebi-el-tani 1268, les 7,000 métaux, prix du bail de Tiach pour 1267, évidemment omis, doivent être portés au débit du général Benaïad;

Considérant qu'au nom de Son Altesse le Bey, il n'a été produit aucune pièce, ni fourni aucune preuve qui établisse certainement que le général Benaïad a été fermier de Tastour et de Teboursouk pour l'année 1264; que le général a, de son côté, constamment soutenu qu'il avait été seulement chargé de recevoir par lui ou par ses agents, et pour compte de Son Altesse le Bey, le prix du fermage dû par le fermier; qu'il a déclaré qu'il était prêt à tenir compte de toutes les quantités qu'on prouverait par la production des reçus de ses agents avoir été versées entre leurs mains; qu'il y a lieu, en l'absence de toute preuve fournie par Son Altesse le Bey, d'admettre la déclaration du général Benaïad;

Considérant qu'un reçu a été produit par les agents de Son Altesse le Bey; qu'il est émané d'un agent du général Benaïad; qu'il constate la remise à lui faite de 1,225 métaux; que le général reconnaît formellement dans ses observations qu'il en doit être débité,

EST D'AVIS

Qu'au lieu de 2,350 métaux réclamés pour le fermage de Tastour et de Teboursouk pour l'année 1264, on ne doit mettre à la charge du général Benaïad

que	1,225 métaux,
qui, réunis aux	7,000 —
pour le fermage de Tiach de l'année 1267, forment un total de	8,225 métaux;

Que le surplus de la réclamation de Son Altesse le Bey doit être écarté.

§ IV. 22,735 métaux 14 saas, provenant des presses à huile de la Kasba.

LE COMITÉ,

Considérant que les huiles provenant des presses de la Kasba figurent expressément dans le compte réglé le 5 rebi-el-tani 1268; qu'elles y sont portées pour 7,351 métaux;

Que Son Altesse le Bey soutient que ce chiffre n'est pas exact; que les presses de la Kasba ont produit, depuis 1261 jusqu'à la fin de chaban 1268, 30,086 métaux 14 saas; qu'en déduisant de cette quantité les 7,351 métaux qui ont été portés dans le compte du 5 rebi-el-tani, il reste dû 22,735 métaux 14 saas, dont le général Benaïad doit être débité;

Que, comme preuve de ce produit des presses dans la période de 1261 à 1268, Son Altesse le Bey invoque et présente des documents qu'il qualifie de registres dressés par des notaires;

Considérant que cette prétention constitue réellement une demande en révision d'un compte réglé et arrêté entre les parties, et non une demande en redressement pour cause d'erreur matérielle ou d'omission; que, dès lors, elle ne doit pas être accueillie;

Qu'en effet, les règlements de comptes doivent être stables et définitifs; que le respect dû aux conventions et l'intérêt de tous ceux entre lesquels il peut y avoir des comptes à faire exigent que l'on ne puisse incessamment revenir sur une comptabilité apurée et remettre en question, soit les éléments dont elle se compose, soit le solde qui a été arrêté; qu'il n'y a de motif légitime, pour apporter quelques modifications aux comptes qui ont été réglés et approuvés, que lorsqu'on peut signaler un double emploi, une erreur matérielle ou une omission évidente;

Que la demande du Bey ne rentre dans aucun de ces cas, puisqu'elle consiste à soutenir que le compte doit être refait en entier sur de nouveaux éléments et qu'elle ne signale aucune erreur matérielle, aucune omission déterminée;

Considérant, d'ailleurs, que les agents de Son Altesse le Bey ont reconnu que des erreurs se sont glissées dans les redressements qu'ils ont proposés; qu'enfin, on ne peut voir dans les documents qu'ils ont produits *des registres authentiques tenus par les notaires chargés du service des presses, jour par jour, année par année;* qu'ils sont seulement qualifiés par les rédacteurs eux-mêmes de notes abrégées, rédigées sur plusieurs états,

EST D'AVIS

Que, *par tous ces motifs,* la demande de Son Altesse doit être écartée.

---

§ V. 3,066 métaux 8 saas, produit de la presse de Toubourba.

LE COMITÉ,

Considérant que les produits de la presse de Toubourba ont été compris dans le règlement du 5 rebi-el-tani 1268, que la demande relative au compte de ces produits, et que les documents présentés pour les justifier ont le même caractère et sont de la même nature que les documents relatifs aux produits des presses de la Kasba;

Qu'ainsi, les motifs qui ont été exposés dans le paragraphe précédent doivent recevoir dans celui-ci leur application;

Que des erreurs ont aussi été signalées dans les redressements présentés au nom de Son Altesse,

EST D'AVIS,

Qu'en résumé, et par tous ces motifs, il n'y a pas lieu d'admettre la réclamation de Son Altesse le Bey pour les 3,066 métaux provenant des presses de Toubourba.

CINQUIÈME SECTION.

NUMÉRAIRE.

CINQUIÈME SECTION.

Numéraire.

---

§ 1er.

ART. 1er. 848,907 piastres : différence entre les sommes reçues par le général Benaïad sur les fermages à lui délégués et les fournitures par lui faites de 1261 jusqu'à 1266 inclusivement.

LE COMITÉ,

Considérant que Son Altesse le Bey soutient que le montant des sommes reçues par le général Benaïad, sur les divers baux à lui délégués, s'est élevé, depuis 1261 jusqu'en 1266 inclusivement, à 12,918,507 piastres; que le montant des fournitures n'a, au contraire, été que de 12,069,592 piastres 46 ; qu'en conséquence, le général Benaïad se trouve débiteur de la somme de 848,907 piastres 87 ;

Considérant que le général Benaïad ne présente sur cette réclamation qu'une seule observation ; qu'il soutient que la ferme du courtage des soies, qui entre dans le compte pour 16,000 piastres par année, a été effectivement par lui perçue en 1261, 1262 et 1263, mais qu'à cette époque cette perception a été supprimée sur la réclamation des consuls européens ; qu'en conséquence, elle n'a été ni pu être opérée par lui dans les années 1264, 1265 et 1266 ; qu'il y a donc lieu à réduire le solde débiteur réclamé par Son Altesse le Bey d'une somme de 16,000 piastres par année; soit 48,000 piastres pour les trois années ;

Qu'à la vérité, les registres du palais portent au débit de son compte ladite somme de 48,000 piastres, nonobstant la suppression survenue en 1263 ; mais que, sur ces mêmes registres, les 48,000 piastres ont été contre-passées dans les termes suivants : « A déduire le prix du fermage de la soie pour les trois années « finissant l'an 1266 : 48,000 piastres. »

Qu'en conséquence, le solde débiteur doit être fixé à 800,000 piastres 1/4 ;

Considérant que Son Altesse le Bey a formellement dénié la suppression du fermage de la soie ; qu'il a présenté, comme une preuve de son maintien, une lettre adressée par le général Benaïad à son mandataire Nessim-Bechi en djoumad-el-tani en 1269, et dans laquelle se trouve le passage suivant : « Vous dites qu'il « y a eu augmentation des fermes de l'argent et de la soie, et que le kaïd Che- « lona en est le dernier enchérisseur à 88,000 piastres par an; faites à ce « sujet ce que nous avons dit dans notre réponse aux personnes déléguées ; »

Qu'en outre, et dans une dernière production, les agents du Bey ont présenté un acte par lequel le général Benaïad a sous-loué à deux juifs, pour l'année 1267, le fermage de ce courtage des soies ;

Qu'ainsi, le maintien de ce courtage est prouvé,

EST D'AVIS

Qu'il y a lieu d'allouer au crédit de Son Altesse la somme réclamée de 848,907 piastres.

Art. 2. Pour les fermages de l'année 1267, 1,863,593 piastres 12.

LE COMITÉ,

Considérant que la somme ainsi réclamée, pour l'année 1267, se décompose de la manière suivante :

	Piastres.	
Fermage du courtage des soies.	16,000	»
Fermage du droit de saa pour les huiles de Tiach, Tastour et Teboursouk.	50,625	»
Fermage des tabacs.	1,000,000	»
Divers.	796,968	12
Total.	1,863,593	12

Considérant que le général présente sur cette réclamation plusieurs observations; qu'il reproduit, relativement au fermage des soies, ce qu'il a dit à ce sujet pour les années 1264, 1265 et 1266; qu'il demande, en conséquence, que la somme de 16,000 piastres soit retranchée;

Qu'il n'a point été titulaire des fermages du droit de saa pour les huiles de Tiach, Tastour et Teboursouk, et qu'il conclut, par suite, au rejet de la somme de 50,625 piastres ;

Qu'il prétend qu'il y a compte à faire entre lui et Son Altesse le Bey ; que s'il doit 1,000,000 de piastres pour prix de la ferme des tabacs, il a droit à tous les produits de cette ferme ; que, cependant, ces produits ont été reçus par les agents de Son Altesse le Bey, et qu'il lui en est dû compte ;

Qu'enfin, il est débité, dans le compte présenté par Son Altesse le Bey, du montant total des apaltes dont la délégation lui a été consentie; que cela est juste, mais qu'il doit, par contre, être crédité du montant de toutes les fournitures qu'il a faites et dont les délégations sus-énoncées étaient destinées à le couvrir;

Qu'il soutient que si, dans une première note adressée au ministre des affaires étrangères, il n'avait porté le montant des fournitures non réglées qu'à 1,000,000 de piastres, c'est parce qu'il supposait qu'une somme de deux millions environ sur les fermes avait été versée, pour 1269, entre les mains de ses agents; qu'il avait, dans cette pensée, déduit cette somme de deux millions sur le montant total de ses fournitures s'élevant, en réalité, à trois millions; que les deux millions n'ayant point été effectivement versés, il n'y avait rien à défalquer sur les fournitures par lui faites, et que le chiffre de trois millions devait être porté à son crédit; que ce n'était point là tout ce qu'il avait à réclamer; que dans cette somme de 3,000,000 de piastres ne se trouvaient pas comprises les fournitures par lui effectuées dans les années 1267 et 1268; que, s'il avait négligé de les faire entrer dans ses comptes, c'est parce qu'il avait supposé que, de son côté, Son Altesse le Bey ne réclamerait pas, pour les deux années 1267 et 1268, les apaltes dont la délégation lui avait été faite précisément dans le but de payer les fournitures; mais que, puisqu'ainsi qu'il en avait le droit, Son Altesse le Bey portait à son crédit les apaltes des années 1267 et 1268, il devait évidemment admettre à son débit les fournitures qu'il avait reçues; que toutes ses fournitures, y compris les trois millions dont il a été ci-dessus parlé, s'élevaient au moins à sept millions pour les années 1267, 1268 et 1269;

Que sous le bénéfice de ces explications et de ces réserves, il y avait lieu d'admettre la demande de Son Altesse le Bey;

Considérant que ces diverses observations doivent être examinées successivement;

Qu'en ce qui touche la somme de 16,000 piastres pour le fermage du courtage des soies, on doit, par le motif énoncé dans l'article précédent, adopter pour cet objet la solution indiquée dans cet article;

Qu'en ce qui touche la somme de 50,625 piastres pour les fermages du droit de saa sur les huiles de Tiach, de Tastour et de Tcboursouk, les agents de Son Altesse le Bey soutiennent que le général Benaïad a effectivement reçu la somme de 50,625 piastres pour les causes sus-énoncées, et que la preuve de ce fait résulte des mentions consignées sur les registres du palais;

Que les registres se bornent à indiquer pour chaque année, et notamment pour l'année 1267, la série des sommes dues par le général Benaïad pour différentes causes, sans donner la date des versements qui auraient été faits entre ses mains, sans indiquer par qui ils l'auraient été, sans citer les conventions ou les actes qui les auraient autorisés.

Que de semblables énonciations sont par trop vagues pour qu'il soit possible d'en faire la base d'une condamnation contre le général Benaïad;

Qu'en ce qui touche les fermages des tabacs, le général Benaïad ne conteste pas que le prix de ce fermage de 1,000,000 de piastres par année ne soit dû par lui, puisque, aux termes de l'amra du 2 moharem 1267, il était fermier secret des tabacs; qu'il soutient seulement qu'il ne peut être tenu de payer cette somme, sans que, par contre, tous les produits de la ferme des tabacs qui ont été perçus par les agents de Son Altesse le Bey lui soient restitués; qu'il est impossible que ce soit à lui personnellement que les produits aient été remis, puisque sa qualité de fermier n'était pas connue des directeurs de la ferme des tabacs; que ces directeurs n'ont pu remettre et n'ont remis en effet ces produits qu'aux agents de Son Altesse le Bey;

Considérant que ces observations sont évidemment bien fondées; mais que Son Altesse le Bey soutient que le général Benaïad doit être débité de 1,000,000 de piastres pour prix de la ferme, parce que, en fait, il a touché les produits de cette ferme; que la preuve résulte de la production de dix reçus signés par le général Benaïad et de deux autres reçus signés par ses agents constatant qu'il a touché 1,996,842 piastres pour le produit de la ferme des tabacs;

Considérant que ces reçus produits en originaux n'ont pas été traduits en français; mais que le général Benaïad, dans les explications qui ont suivi la communication des pièces, n'a rien répondu pour en contester le sens, la portée et le chiffre;

que les reçus qui lui sont opposés doivent donc être admis avec tout l'effet qui leur est attribué par Son Altesse le Bey, et que l'on doit, par conséquent, maintenir la somme de 1,000,000 de piastres au débit du général Benaïad pour l'année 1267, et le débiter également de la somme de 1,996,842 piastres portée en ses reçus ; mais que, par contre, il y a lieu de faire figurer à son crédit la totalité des produits de la ferme ;

Qu'il sera statué sur le compte à rendre par Son Altesse le Bey à cet égard (2e partie, § 3, n° 1) ; qu'il n'y a donc ici rien à décider sur ce chef ;

Qu'en ce qui touche les réserves du général Benaïad, en raison des fournitures qu'il a pu faire, il est certain que le général Benaïad a droit de porter à son crédit toutes les fournitures qu'il a faites ;

Qu'au nom de Son Altesse le Bey, cela n'est point contesté pour les années 1267 et 1268 ; qu'en conséquence, il y a lieu, en admettant les sommes réclamées par Son Altesse le Bey, de décider que le compte des fournitures faites par le général Benaïad sera par lui présenté à Son Altesse le Bey ; que le montant en sera porté à son crédit par compensation des sommes qui lui ont été déléguées précisément pour le couvrir de ses fournitures,

EST D'AVIS

Qu'en résumé, sur les sommes qui figurent dans cet article, celle de 16,000 piastres pour le fermage des soies doit être maintenue ; celle de 50,625 piastres pour le fermage des droits de saa, pour les huiles de Tiach, de Tastour et de Teboursouk doit être rejetée ; celle de 1,000,000 de piastres pour le fermage des tabacs doit être maintenue ; que le général Benaïad doit aussi être débité de celle de 1,996,842 piastres qu'il a reçue, et enfin, de celle de 796,968 p. 12, pour divers fermages, et que le droit du général Benaïad de réclamer le montant des fournitures pour 1267 lui est réservé.

ART. 3. Pour les fermages de l'année 1268, 1,788,500 piastres.

LE COMITÉ,

Considérant que le général Benaïad ne conteste cette réclamation qu'en ce qui touche la somme de 1,000,000 de piastres pour la ferme des tabacs, en faisant d'ailleurs la réserve de réclamer le montant de ses fournitures;

Que, par les motifs exposés dans l'article précédent, la somme de 1,000,000 de piastres doit être maintenue, et que les réserves doivent être accueillies;

Considérant, en outre, que des explications respectivement fournies par les parties, il résulte que le général Benaïad demande que les traités qui ont été exécutés en 1267 et 1268 le soient également pour 1269; que Son Altesse le Bey soutient, au contraire, que le départ du général Benaïad a rendu cette exécution impossible;

Considérant que le départ du général Benaïad et les événements qui l'ont suivi ne permettent pas de considérer comme encore subsistant en 1269 les rapports qui avaient précédemment existé entre Son Altesse le Bey et le général Benaïad; que l'on doit, en conséquence, décider que tous les traités cessent d'avoir leur effet pour 1269,

EST D'AVIS

Que la somme de 1,788,500 piastres doit être portée au débit du général Benaïad; que, par contre, il y a lieu de faire figurer à son crédit les revenus de la ferme des tabacs pour 1268 et le montant de ses fournitures;

Que tous les traités cessent d'avoir leur effet pour 1269 ; que seulement les parties se feront compte des sommes ou valeurs qu'elles auront respectivement payées ou reçues dans le cours de ladite année.

---

§ II. 2,000,000 de piastres pour les fermages de Bizerte, Ras-el-Djebel et Toubourba, pendant les années 1262, 1263, 1264, 1265 et 1266.
Plus 800,000 piastres pour les années 1267 et 1268.

LE COMITÉ,

Considérant que la somme de 2,000,000 de piastres est incontestablement due par le général Benaïad ; que son obligation est formellement constatée par un acte revêtu de sa signature, du mois de chaoual 1263 ;

Que seulement, et sans contester les droits qui résultent pour Son Altesse le Bey de l'acte précité, le général Benaïad soutient que, par contre, il est fondé à réclamer de Son Altesse la remise de tous les fruits provenant de Bizerte, Ras-el-Djebel et Toubourba ; qu'il est impossible qu'on exige de lui le prix des fermages sans lui donner les fruits qu'il aurait dû percevoir en qualité de fermier ; qu'en fait, ces fruits n'ont point été perçus par lui et qu'ils l'ont été par les agents de Son Altesse le Bey ; que même, c'est ainsi que les choses ont dû se passer, puisque son bail étant secret et sa qualité de fermier n'étant pas connue, il n'avait point de titres pour percevoir les fruits ; que, d'ailleurs, les documents irrécusables constatent qu'effectivement on ne le considérait pas comme ayant le droit de percevoir les fruits, puisqu'on voit figurer dans les comptes, à son débit, certains produits dont sa qualité de fermier lui attribuait la propriété ; que, dans un pareil état de choses, il ne peut être condamné au payement des 2,000,000 de piastres qu'à la charge par Son Altesse le Bey de lui rendre tous les fruits perçus pendant les cinq années ; qu'en outre, on doit retrancher des comptes toutes les sommes portées à son débit pour perceptions qu'il a faites accidentellement de certaines parties des fruits auxquels il avait droit ;

Considérant que le général Benaïad, appliquant les principes par lui proposés pour sa défense, a dressé un état des produits auxquels il avait droit, et qui s'élevaient :

En blé, à.	4,860	caffis,
En orge, à.	8,478	—
En huile, à.	96,803	métaux,

et en numéraire, à 607,446 piastres 3/4 ;

Considérant que Son Altesse le Bey reconnaît qu'il est juste que tous les fruits des biens affermés soient attribués au général Benaïad, et qu'il l'est également que les sommes provenant de ces fruits, et qui auraient été portées à son débit, en soient retranchées ; mais qu'il soutient que, sous l'un et l'autre rapport, satisfaction pleine et entière a été donnée au général Benaïad ; que, d'abord, c'est lui qui a reçu réellement tous les produits des biens affermés, et que si quelques articles représentant une partie de ces produits ont été placés à son débit dans les comptes, ces mêmes articles ont été l'objet de contre-passements au moyen desquels il n'a plus aucune réclamation à élever ;

Considérant qu'un nouveau système a été récemment présenté par les agents de Son Altesse le Bey ; qu'ils ont trouvé dans les communications à eux faites par le général Benaïad quelques teskérés délivrés à celui-ci par le Bey, pour différentes quantités de blés ou d'orges et d'huiles ; qu'il a soutenu que ces teskérés n'avaient pas été délivrés à raison de versements réellement effectués par le général Benaïad, mais afin de le couvrir de quantités correspondantes de blés, d'orges et d'huile auxquelles il avait droit pour le fermage de Bizerte, Ras-el-Djebel et Toubourba, et qui auraient été perçues par les agents du Bey ; que l'identité des quantités portées dans les comptes et dans les teskérés ne pouvaient laisser aucun doute sur l'objet même de ces teskérés ;

Qu'ils ont enfin soutenu que dans la somme de 607,446 piastres 3/4 le général faisait à tort figurer 1° celle de 465,000 piastres pour le roboo de Bizerte et de Toubourba, et 2° celle de 40,000 piastres pour la vente des raisins, des figues et des olives; attendu que ni l'impôt appelé roboo, ni la vente des fruits ne faisaient partie du fermage de Bizerte; que le silence de l'amra en fournissait la preuve; que la somme de 102,446 piastres 3/4 restant après la liquidation opérée avait été couverte par des teskérés, comme l'avaient été les perceptions de blé, d'orge et d'huile; qu'un teskéré de 16,875 piastres 46 1/2 produit par le général Benaïad et conçu dans les mêmes termes que ceux qui étaient relatifs au blé, à l'orge et à l'huile, donnait la plus entière conviction que le général avait reçu tout ce qui lui était dû ;

Considérant qu'avant d'apprécier les divers moyens employés par les agents de Son Altesse le Bey pour démontrer que les fruits et revenus de Bizerte ne peuvent pas être réclamés par le général Benaïad, il convient de constater que le général est, de son propre aveu, débiteur de la somme de 2,000,000 de piastres, pour prix du fermage des années 1262, 1263, 1264, 1265 et 1266;

Qu'il l'est également de la somme de 800,000 piastres pour les années 1267 et 1268; que l'on ne doit pas étendre les effets du bail au delà de l'année 1268, malgré le renouvellement qui a été consenti par Son Altesse, par ordonnance du 8 sfar 1268, pour cinq années, le départ du général Benaïad et les événements qui l'ont suivi étant un obstacle absolu à la continuation des rapports créés par les actes antérieurs ;

Que le débit du général Benaïad ainsi fixé à 2,800,000 piastres, il reste à apprécier sa réclamation des fruits et revenus pendant les années 1262, 1263, 1264, 1265, 1266, 1267 et 1268;

Considérant qu'en principe cette demande ne peut être contestée; qu'il est impossible d'exiger d'une part le prix du fermage, sans, de l'autre, accorder au fermier les fruits et les revenus des biens qui sont l'objet du bail;

Qu'il n'est pas établi, qu'il n'est pas même possible de soutenir que c'est le général Benaïad qui a personnellement reçu les fruits et revenus ; qu'il est constant que cette perception a été faite par les agents de Son Altesse le Bey, d'où suit la conséquence que Son Altesse en doit compte ;

Que l'on ne doit pas non plus s'arrêter à cette allégation que le général Benaïad se trouvait désintéressé par l'effet de contre-passements opérés dans les comptes ; qu'aucune justification n'a été donnée sur ce point ;

Qu'il n'y a donc plus qu'à apprécier le moyen pris de ce que toutes les quantités de blé, d'orge et d'huile auxquelles avait droit le général Benaïad lui avaient été effectivement rendues par des teskérés spéciaux, et que des teskérés de la même nature lui avaient été remis pour le numéraire qui lui était dû ;

Considérant que les deux teskérés relatifs au blé sont délivrés pour 4,860 caffis 3/4 ; que c'est précisément la même quantité qui est portée dans le compte dressé par le général Benaïad de la dîme de Bizerte, etc., pour cinq années, à partir de 1262 à 1266 inclus (voir question de la commission, page 16) ;

Que les deux teskérés relatifs à l'orge sont délivrés pour 8,478 ; que c'est précisément aussi la même quantité qui est portée dans le compte dressé par le général Benaïad de la dîme de l'orge pour la même période (voir *id.*) ;

Qu'également les deux teskérés relatifs à l'huile sont délivrés pour 9,750 métaux, et que l'on voit le même chiffre figurer dans les comptes du général Benaïad pour la dîme de saa d'huile de Ras-el-Djebel pour l'année 1266 ;

Que cette identité entre les chiffres des comptes et les chiffres des teskérés, qui se reproduit constamment, est décisive ; qu'elle démontre qu'en effet les teskérés étaient destinés à couvrir le général Benaïad des revenus qu'il ne percevait pas et qui lui appartenaient ; qu'on ne saurait d'ailleurs raisonnablement admettre que le général ait négligé pendant plusieurs années la réclamation de revenus qui lui étaient dus ; que son silence ne peut s'expliquer par le motif qu'il ne payait point les prix des fermages, car il y avait pour lui un intérêt positif à recevoir la différence entre le montant des revenus dont il était créancier et le prix du fermage dont il était débiteur ;

Qu'en vain le général Benaïad a, dans sa dernière réponse, mis en doute la sincérité de deux pièces produites par les agents de Son Altesse, qui, selon ces derniers, seraient écrites, l'une, par le général lui-même, l'autre, par son notaire; que ce n'est point avec ces pièces qu'ont été comparés les teskérés pour établir l'identité des quantités; que la comparaison a été établie entre les teskérés et les comptes que le général a dressés et qu'il a placés dans son écrit intitulé : *Questions de la Commission et réponses du général Benaïad* (voir pages 16 et 17);

Que si les quatre teskérés relatifs au blé et à l'orge comprennent la totalité des revenus réclamés par le général pour les céréales, le teskéré relatif à l'huile ne porte que sur une très-faible partie des réclamations du général pour cette nature de produit; mais qu'il s'applique à la dîme de ras-el-djebel pour l'année 1266, et qu'il n'est pas isolé; qu'il fait partie d'un système de libération évidemment suivi par le Bey; qu'il faut donc écarter les réclamations du général Benaïad pour l'huile, comme on doit les écarter pour le blé et pour l'orge;

Considérant que l'impôt désigné sous la dénomination de roboo de Bizerte et de Toubourba, et la vente des fruits, ne sont pas formellement compris dans l'amra qui est le titre du général Benaïad; qu'il n'a rien répondu à cette observation des agents de Son Altesse le Bey; qu'en conséquence, la défalcation demandée par ces derniers pour ces deux objets, s'élevant à la somme de 505,000 piastres, doit être accueillie;

Que rien ne prouve que les 122,000 piastres formant le reliquat du numéraire aient été remboursées au général Benaïad; que le teskéré de 16,875 piastres ne se réfère à aucun des articles du compte en numéraire; qu'en conséquence, la raison d'identité qui est déterminante pour les teskérés d'orge, de blé et d'huile n'est point opposable au général Benaïad; qu'il doit donc être crédité des 122,000 piastres;

Considérant qu'aucun des titres et documents dont il vient d'être question ne s'applique aux années 1267 et 1268; que le général Benaïad a donc droit d'exiger les revenus de ces deux années; qu'en prenant pour base ses propres comptes pour les cinq années de 1262 à 1266 inclus, il doit lui être alloué les 2/5 des caffis de blé et d'orge, des métaux d'huile et des sommes formant les revenus de ces cinq années, soit 1,944 caffis de blé, 3,390 caffis d'orge, 38,720 métaux d'huile et 59,000 piastres;

Qu'enfin, si le général Benaïad a été débité dans les comptes de quelques sommes pour des revenus qui lui auraient été remis, ces articles doivent disparaître des comptes où ils n'ont figuré que parce que le bail et les droits qu'il conférait au général n'étaient pas connus des agents de Son Altesse le Bey;

Que les comptes ainsi dressés, les sommes dont le général Benaïad sera reconnu créancier devront être déduites de celle de 2,800,000 piastres formant le prix du bail de sept années,

EST D'AVIS

Que la somme de 2,800,000 piastres doit être portée au débit du général Benaïad;

Que si le général Benaïad a été débité dans les comptes de quelques sommes pour des revenus qui lui auraient été remis, ces articles doivent disparaître des comptes;

Qu'il y a lieu de porter au crédit du général Benaïad :

1,944 caffis de blé,
3,390 caffis d'orge,
38,720 métaux d'huile,
59,000 piastres;

Que le surplus de la demande du général Benaïad, relativement à Bizerte, Ras-el-Djebel et Toubourba, doit être écarté;

§ III et IV. Solde des comptes de Gerbi :

1° 1267. . . . . 656,000 piastres.

2° 1268. . . . . 750,000 »

LE COMITÉ,

Considérant que le général Benaïad a d'abord contesté l'article des 656,000 piastres, en se fondant sur ce que le teskéré même qui y était relatif contenait quittance de cette somme; qu'il a reconnu ensuite que cette quittance ne lui avait été donnée que moyennant un engagement nouveau contracté par lui, et qui portait expressément que la somme de 656,000 piastres serait portée à son débit dans ses comptes avec le Gouvernement; qu'en présence de ce titre le général Benaïad a opposé un autre système de défense, en soutenant qu'il avait en effet été débité, dans ses comptes réglés avec le Gouvernement, de la somme; qu'enfin, dans ses dernières explications, il a prétendu que les 656,000 piastres étaient défalquées sur d'autres sommes dont il était créancier, dans un compte qui n'était pas encore réglé; plus spécialement, que cette défalcation se trouve faite sur le revenu de la dîme d'orge réglée entre lui et Son Altesse le Bey;

Considérant que ces allégations sont formellement déniées par les agents de Son Altesse le Bey;

Que si, soit dans des comptes réglés entre lui et Son Altesse le Bey, soit dans des comptes restés en suspens, ladite somme a été portée au débit du général Benaïad; si elle a été défalquée sur d'autres sommes dont il était créancier, notamment dans le règlement relatif à la dîme de l'orge, c'était à lui à en justifier; que s'il prétend, enfin, qu'il a des répétitions à exercer pour d'autres objets, il devait présenter à cet égard ces demandes d'une manière claire et distincte ; qu'en lui réservant tous ses droits à cet égard, on lui avait accordé tout ce qu'il pouvait réclamer ; qu'il est impossible d'empêcher l'exécution de titres certains et réguliers en alléguant de prétendues défalcations ou compensations qui auraient été faites, ou en élevant des réclamations nouvelles ;

Considérant que le général Benaïad n'a point précisément contesté la demande relative aux 750,000 piastres pour le solde du compte de Gerbi de 1268 ; qu'il s'est borné à réclamer la production du titre relatif aux 656,000 piastres pour 1267 et celui qui concerne les 750,000 piastres pour 1268, soit afin de s'assurer qu'il n'y avait pas confusion entre les deux réclamations, soit pour vérifier quelle obligation pouvait résulter de ces titres contre lui ;

Considérant que les agents de Son Altesse le Bey ont produit les documents touchant les 656,000 piastres, et qu'à cet égard il a déjà été statué ; que pour les 750,000 piastres ils ont produit la copie d'une ordonnance de Son Altesse le Bey, écrite de la main du général Benaïad ; que cette ordonnance dresse un compte qui constitue le général débiteur de 750,000 piastres, et qu'elle se termine ainsi : « Nous déclarons par notre présente ordonnance, qui est entre les mains de notre « cher fils le général de brigade Mohamed Benaïad, avoir réglé avec lui le compte « des susdits lieux, tant pour ce qu'il devait que pour ce qu'il a payé ; *et il reste « devoir, après ledit règlement de compte, sept cent cinquante mille piastres, « dont il tiendra compte par les teskérés des fournitures à nous faire, qui « sont entre ses mains, et ainsi nous le tenons quitte dudit solde du mois de « sfar 1268 ;* »

Considérant que, sur la communication de cette pièce au général Benaïad, il a répondu que ce n'était pas là le document qui avait été demandé à Son Altesse le Bey ; qu'en effet c'était un compte qui était présenté, et que la pièce dont la représention était utile était le reçu des 750,000 piastres ; que cette production du reçu était même devenue plus indispensable que jamais ; qu'en effet, à la suite du règlement, un reçu avait été donné pour les 750,000 piastres, comme il en avait été donné un pour les 656,000 piastres ; que s'il n'était pas produit par les agents tunisiens, c'est parce qu'il avait été détruit après compensation avec une somme égale pour fournitures faites; que, sans cette compensation, il existerait entre les mains du Gouvernement dont il est le titre;

Qu'en résumé, le général Benaïad a déclaré ne pouvoir admettre la réclamation que contre la remise de son reçu;

Considérant que la pièce produite constate que le compte de Gerbi se soldait par 750,000 piastres au débit du général Benaïad; que c'est à ce dernier à prouver qu'il s'est libéré de cette somme;

Que la remise d'un reçu, la destruction de ce titre après compensation avec des fournitures faites, sont des allégations dénuées de preuves et qui laissent subsister l'obligation du général Benaïad;

Que si l'ordonnance se termine par ces mots : « *Et ainsi nous le tenons pour quitte dudit solde,* » on ne peut y voir la déclaration d'une délibération définitive; qu'ils se lient à la phrase qui les précède et dans laquelle il est dit formellement que le général Benaïad reste devoir 750,000 piastres, dont il tiendra compte pour les teskérés des fournitures à faire; que le sens véritable de la disposition finale de l'ordonnance est que les fournitures à faire opéreront la libération du général Benaïad; que c'est, en conséquence, à lui à prouver que les fournitures qu'il a faites l'ont effectivement libéré des 750,000 piastres; que le général Benaïad doit avoir les moyens de justifier de toutes les fournitures qu'il a faites postérieurement à 1268, c'est-à-dire à une époque très-récente; qu'en portant le montant de ces fournitures à son crédit, il n'éprouvera aucun préjudice par suite de l'obligation qui lui est imposée de porter à son débit les 750,000 piastres dont, en sfar 1268, il était incontestablement débiteur;

Considérant, enfin, que les productions de Son Altesse le Bey ne permettent pas de supposer qu'il y ait confusion entre les deux sommes réclamées; que l'une est certainement due pour 1267 et l'autre pour 1268; qu'ainsi le doute qui avait d'abord été élevé par le général Benaïad et qui l'avait déterminé à exiger la production des titres du Gouvernement tunisien, ne peut plus subsister,

EST D'AVIS

Que la demande de Son Altesse le Bey de la somme de 656,000 piastres, pour le solde du compte de gerbi de 1267, et celle de 750,000 piastres pour le solde de 1268, doivent être accueillies.

---

§ V. Solde de la délégation sur la ferme des cuirs. . . . 154,282 piastres.

(Voir 2e partie, affaire des 500,000 piastres négociées à MM. Périer.)

§ VI. 46,000 piastres payées pour le compte du général Benaïad, le 17 zilhegge 1251.

LE COMITÉ,

Considérant que le général Benaïad a dit, dans une première réponse, qu'il ignorait la cause d'une pareille réclamation, remontant à plus de vingt ans; qu'il a ensuite expliqué qu'une maison habitée par l'Européen Louis Giano, appartenait à l'oncle de son père ; qu'une somme de 46,000 piastres, dépensée en réparations, était réclamée par Giano contre le propriétaire; que celui-ci soutenait qu'elle n'était pas due ; que les consuls européens s'étant mêlés de la contestation, le Bey alors régnant voulut y mettre un terme ; qu'il consentit à payer et qu'il paya, en effet, la somme de 46,000 piastres et, pour s'en rembourser, s'empara de l'immeuble qui a été donné à l'un des hauts fonctionnaires de la Régence, le général Bogo ;

Que le général Benaïad, après avoir donné cette explication, a prétendu qu'il ne pouvait être tenu de payer la somme réclamée; qu'il a cependant offert de la rembourser moyennant la remise qui lui serait faite de la maison ;

Considérant que les agents de Son Altesse le Bey appelés à présenter le titre sur lequel il fondent leur demande, ont produit un acte émané du général, et qui est ainsi conçu :

« Louanges à Dieu. Nous déclarons dans notre présent écrit, que nous remet-« tons entre les mains du très-illustre et très-accompli Monseigneur Chak-er-« Sabtab, lui être débiteur de la somme de (46,000 piastres) quarante-six mille « piastres qu'il a payée pour nous au chrétien, fils de Louis Giano. Salut de la part « du serviteur de Dieu. Signé : Mahmoud Benaïad ; le 27 zilhegge 1651 ; »

Considérant que, sur la communication à lui faite, le général Benaïad s'est borné à dire : accepté contre le retour en la possession du général Benaïad de l'ancienne maison Giano ;

Que par cette réponse il persiste à soutenir que la somme de 46,000 piastres n'a été déboursée qu'en raison de la maison Giano, et que cette maison est sa propriété ou celle de son oncle ; mais que, dans le titre produit, rien n'indique une relation quelconque entre l'obligation contractée par le général Benaïad et la maison par lui revendiquée ;

Qu'aucune preuve n'est fournie qu'en effet la maison ait été saisie par le Gouvernement tunisien comme un gage de la somme de 46,000 piastres,

EST D'AVIS

Qu'il y a lieu d'ordonner le payement de la somme sus-énoncée de 46,000 piastres, sauf au général Benaïad à faire valoir les droits qu'il pourrait avoir à la propriété de la maison.

§ VII. 1,500,000 piastres pour une année de fermage des cuirs et de la tannerie, à partir de chaban 1266.

LE COMITÉ,

Considérant qu'il n'est pas contesté que le prix de la ferme des cuirs a été fixé à 1,500,000 piastres; qu'aux termes d'un amra du 2 moharem 1267 produit par le général Benaïad, la ferme a été prolongée pour une année; qu'ainsi, ce n'est pas seulement 1,500,000 piastres qui sont dues par le général pour une seule année 1266-1267, mais bien 3,000,000 de piastres pour les deux années 1266-1267 et 1267-1268; que, d'un autre côté, il a été formellement stipulé par l'amra ci-dessus cité que, quoique la ferme des cuirs fût ostensiblement abandonnée par le général Benaïad et qu'elle dût être administrée par les directeurs de Son Altesse le Bey, dans la réalité, tous les bénéfices de ladite ferme appartiendraient au général, et que Son Altesse le Bey *s'engageait à les lui rembourser*; que ces conventions ont été exécutées; qu'en conséquence, le général Benaïad doit être débité, comme il le reconnaît lui-même, de 3,000,000 de piastres pour deux années de fermage, et qu'il a droit d'exiger *le remboursement de tous les bénéfices de la ferme pendant ces deux années*;

Considérant que le général Benaïad allègue avoir effectivement payé pour la seconde année 1267-1268 la somme de 1,500,000 piastres; que ce fait est reconnu exact par les agents de Son Altesse le Bey; qu'en conséquence, il y a lieu de créditer le compte du général de ladite somme de 1,500,000 piastres; que, d'après ces errements, le général se trouverait, en définitive, débiteur d'une somme de 1,500,000 piastres et créancier de tous les bénéfices des deux années;

Mais, considérant qu'au nom de Son Altesse le Bey, on soutient que, pendant les quatre premiers mois de la première année, le général Benaïad a joui, en personne, de la ferme et a perçu 521,500 piastres, et que pendant les huit derniers mois il a reçu des préposés du Gouvernement la somme de 1,100,000 piastres; qu'ainsi, il n'aurait rien à réclamer pour les bénéfices de cette première année; que le général a reconnu qu'il avait joui par lui-même pendant 122 jours ou quatre mois; mais qu'il a persisté à soutenir que Son Altesse le Bey était comptable envers lui de tous les bénéfices des huit derniers mois de la première année et de ceux de la seconde année tout entière;

Considérant que les agents de Son Altesse le Bey ont récemment produit neuf reçus originaux émanés du général Benaïad, constatant qu'il a reçu sur la ferme des cuirs, en 1267 et 1268, la somme de 1,100,000 piastres; que le général Benaïad n'a fait aucune observation sur ces pièces; qu'ainsi la somme de 1,100,000 piastres doit figurer à son débit;

Qu'il ne reste plus, dès lors, qu'à déterminer à quelle somme se sont élevés les bénéfices de la somme pendant vingt mois, et à en créditer le général Benaïad.

Que, sur ce point, les parties n'ont point fourni de documents qui permettent de prononcer en connaissance de cause; que le général Benaïad a produit des registres dont il présente un extrait ainsi conçu:

« La régie des cuirs a produit, pour l'année 1265, dans toute la Régence de « Tunis 2,554,625

« A ajouter les revenus d'une autre année pour faire le montant « de deux années qui restent encore à faire pour le compte du général « Benaïad 2,554,625

Total. 5,109,350

Considérant que si ce compte était exact, pour deux années, les bénéfices pour vingt mois s'élèveraient à 4,257,791 piastres 33, dont le général devrait être crédité; mais que les agents du Bey, appelés à s'expliquer sur la production du général, soutiennent qu'elle ne mérite aucune confiance; qu'ils ont, en outre, produit un document duquel il résulterait que les bénéfices se seraient élevés seulement à 2,811,645 piastres pour la période de vingt mois; que le général Benaïad a, à son tour, présenté des observations sur la forme du document produit au nom de Son Altesse le Bey;

Considérant que ni les titres du général Benaïad ni ceux de Son Altesse n'ont un caractère qui permette de les accepter; qu'en conséquence, le Comité ne peut que poser les bases du compte régulier que les parties règleront entre elles;

EST D'AVIS

Que le compte du général Benaïad doit être débité :

1° Pour prix de fermage des deux années 1267 et 1268, de	3,000,000 p.
2° Pour autant qu'il a reçu aux termes des neuf récépissés qu'il a donnés et qui sont produits, de	1,000,000
Total.	4,100,000

Que le compte doit, par contre, être crédité;

1° Pour autant que le général a payé, ainsi que Son Altesse le Bey le reconnaît, de 1,500,000 piastres;

2° Du montant des bénéfices de la ferme pendant les huit derniers mois de 1267 et pendant l'année 1268;

Que les parties règleront entre elles le montant de ces bénéfices.

§ VIII. 525,000 piastres pour le fermage de la fabrication de la monnaie d'argent pendant cinq ans et trois mois, depuis le 22 ramadan 1263, à raison de 105,000 piastres par an.

LE COMITÉ,

Considérant que le fermage de la monnaie d'argent a été concédé au général Benaïad pour vingt ans, à raison de 100,000 piastres par an, par un amra du 22 ramadan 1263 ; que le général Benaïad reconnaît qu'il s'est écoulé cinq ans et trois mois depuis son entrée en possession, mais qu'il soutient qu'aux termes mêmes de l'amra précité, le prix du fermage ne peut être exigé de lui ;

Considérant que dans l'amra il est dit que le général apportera des pièces de cinq francs ou bien des lingots d'argent au même titre que lesdites pièces de cinq francs ; que la valeur des pièces frappées à la Monnaie sera de quatorze sous de France pour chaque piastre ; que les pièces de deux et de cinq piastres auront le même titre et une valeur proportionnelle à celle des pièces d'une piastre ; que le bénéfice sera de 6 piastres 14/16 sur 100 piastres ; que le directeur de la Monnaie est chargé de frapper pour le général Benaïad les douros (pièces de cinq francs) ou l'argent en lingots chaque fois qu'il en apportera ; que la fabrication se fera de la manière sus-énoncée, c'est-à-dire des pièces de cinq piastres et des pièces de deux piastres, dans le genre et le titre de la pièce de cinq francs ; que tout ce qui sera frappé sera livré au général Benaïad, qui restera en dehors de l'administration de la Monnaie; mais qu'il lui incombe d'apporter des douros ou de l'argent et de les reprendre frappés ; que cet affermage lui est donné pour la durée de vingt ans, moyennant 100,000 piastres par an ;

Considérant que l'amra se termine par les dispositions suivantes :

« Il est bien entendu que s'il (le général Benaïad) ne voulait plus fabriquer de « le monnaie, à cause d'une perte résultant de la baisse du change, c'est-à-dire « dans le cas où le change serait au-dessous de quatorze sous et au-dussus de treize « sous, ce qui occasionnerait une perte, dans ce cas nous ne l'obligerions pas à » frapper, et il ne nous donnerait pas les 100,000 piastres pour l'année dans le « courant de laquelle il n'aurait pu travailler. Ces conditions sont faites pour toute « la durée des vingt années, c'est-à-dire que, tant qu'il pourra travailler sans perte, il « travaillera, et, par contre, il ne fera point frapper, quand il y aura perte, sous « cette condition, cependant, qu'il devra prouver que ladite fabrication lui occa- « sionnera de la perte ; autrement il aura à payer les 100,000 piastres ;

Considérant que le général Benaïad a prétendu qu'il s'était trouvé précisément dans ce cas prévu par l'amra ; qu'il est de notoriété publique dans la Régence que le cours du change a été presque toujours au dessous de soixante-dix centimes; que, par ce motif, il a suspendu la fabrication, comme il en avait le droit ;

Que les agents du Bey ont, au contraire, soutenu que la fabrication a toujours continué ; que la preuve de ce fait résulte :

1° De l'allégation même du général Benaïad, au chapitre de la Banque, qu'il avait pris 400,000 piastres dans cet établissement pour les porter à la Monnaie ;

2° Des reçus donnés par le général au directeur de la Monnaie ;

3° Du millésime de la monnaie mise en circulation ;

Qu'ils ont, en outre, prétendu que le prix d'une année était indivisible ; qu'il ne pouvait être fractionné sous prétexte que la fabrication n'aurait duré que pendant quelques mois ; qu'il y avait, d'ailleurs, pour le général Benaïad, obligation de donner avertissement à Son Altesse le Bey, au moment où il aurait voulu, en raison de l'abaissement du change, suspendre sa fabrication ; qu'enfin, si la fabrication avait été suspendue, c'était par le fait du général Benaïad, qui, pour soustraire ses biens à l'action légitime du Gouvernement de Tunis, avait fait passer en Europe une quantité considérable de numéraire et avait amené ainsi l'avilissement du cours;

Considérant que, pour repousser l'obligation de payer le prix du fermage stipulé, le général Benaïad doit rapporter la preuve que le cours a été au-dessous de 70 centimes, et qu'il l'aurait constitué en perte s'il avait fabriqué ; que c'est à lui qu'incombe cette preuve, soit parce que c'est lui qui articule pour sa libération le fait de l'abaissememt du cours, soit parce que, comme on l'a vu, l'amra déclare expressément ne l'affranchir de l'obligation de travailler et de payer le prix du fermage que sous la condition qu'il prouvera que la fabrication lui occasionnerait de la perte, à raison de l'abaissement du cours ;

Considérant que le général Benaïad n'a point fourni cette preuve ; que les seules pièces qu'il ait produites, loin de justifier sa prétention, tendraient plutôt à démontrer qu'une quantité assez considérable de piastres a été fabriquée par la Monnaie ;

Considérant que, de leur côté, les agents du Bey ont produit une quantité de monnaies fabriquées, portant le millésime des années pour lesquelles le prix du fermage est réclamé ; qu'ils ont également présenté six reçus émanés, selon eux, du général Benaïad, et constatant qu'en 1263, 1264, 1266, 1267, 1268 et 1269, il aurait reçu de l'agent de l'hôtel des Monnaies cent quarante et un mille cinq cents piastres chacune, formant, par conséquent, sept cent sept mille cinq cents piastres ; que quelques-uns de ces reçus disent formellement que les piastres sont données à valoir sur le montant des pièces de cinq francs versées à la Monnaie par le général Benaïad ;

Qu'à la vérité, les monnaies présentées sont en petite quantité, et que le général Benaïad prétend que les reçus qui lui sont opposés ne sont pas produits en originaux, et qu'ils ne sont revêtus d'aucune attestation qui certifie leur conformité avec les originaux ;

Qu'il faut enfin reconnaître que la fraude dont le général Benaïad se serait rendu coupable pour faire baisser le cours des piastres n'est nullement établie ;

Mais considérant que Son Altesse le Bey n'a aucune preuve à fournir pour justifier sa demande en payement de fermage de la monnaie d'argent ;

Que la production de l'amra de concession suffit pour établir son droit ;

Que c'était au général Benaïad, ainsi qu'on l'a déjà dit, à prouver que le cours est descendu au-dessous de soixante-dix centimes, qu'à ce taux la fabrication l'avait constitué en perte, et qu'en fait, il l'a suspendue;

Qu'aucun document par lui produit n'ayant fourni la preuve de ces faits,

EST D'AVIS

Que le général Benaïad doit être déclaré débiteur des 525,000 piastres réclamées par Son Altesse le Bey.

---

§ IX. 75,000 piastres pour neuf mois de l'apalte de la fabrication de la monnaie de cuivre depuis rebil-ewel jusqu'à la fin de zilhegge 1266, à raison de 170,000 piastres par an.

LE COMITÉ,

Considérant que l'apalte avait concédé la fabrication de la monnaie de cuivre au général Benaïad pour dix-sept années consécutives, à raison de 100,000 piastres par an; que Son Altesse le Bey a d'abord réclamé une somme de 75,000 piastres pour neuf mois, durant lesquels le bail aurait reçu son exécution; que, plus tard, et dans les explications mêmes données par le général Benaïad, Son Altesse le Bey a cru trouver la preuve que le bail avait eu, en réalité, une durée de seize mois, et, par ce motif, il a porté sa demande à 133,333 piastres;

Considérant que le général Benaïad a soutenu, pour repousser cette prétention, que jamais ce bail n'a reçu son exécution; qu'au moment où il se mettait en mesure de commencer la fabrication, il a été violemment dépossédé par le Gouvernement du Bey, des matériaux et des ustensiles qu'il avait acquis et fait transporter à Tunis, à grands frais; que, dès lors, loin d'avoir à payer le prix du bail, il avait des dommages-intérêts considérables à réclamer du Gouvernement de Son Altesse;

Considérant que Son Altesse a reconnu avoir fait saisir des matériaux et des ustensiles appartenant au général Benaïad; qu'il a prétendu avoir été autorisé par la conduite du général à prendre ces mesures; qu'il a déclaré, au surplus, être prêt à lui tenir compte de la valeur des objets qu'il pouvait avoir entre les mains; mais qu'il a persisté à soutenir que, quelle que fût, sous ce rapport, la décision à intervenir, le prix du bail devait, dans tous les cas, être payé par le général Benaïad pour tout le temps pendant lequel il avait reçu son exécution;

Considérant que le bail avait été stipulé pour dix-sept ans; que les mesures que Son Altesse le Bey a cru devoir prendre contre le général Benaïad en ont empêché l'exécution, après un délai de quelques mois;

Que Son Altesse le Bey ne peut en réclamer le prix pour cette période; que le temps qui s'est écoulé depuis la date du bail jusqu'à la saisie des matériaux et des ustensiles a été consacré aux préparatifs indispensables pour l'établissement de la fabrication; qu'il y a eu, tout au plus dans cet intervalle, quelques essais et quelques commencements d'opérations et point d'exécution profitable au preneur;

Considérant que les réclamations du général Benaïad, au sujet des machines, des flans de cuivre et autres objets qui avaient été saisis par les ordres de Son Altesse le Bey, ont été présentées par lui dans la partie du débat qui embrasse plusieurs autres réclamations qu'il croit pouvoir adresser au Gouvernement de Son Altesse; qu'il sera statué à cet égard,

EST D'AVIS

Qu'ici il y a lieu seulement de rejeter la demande en payement, soit de 75,000 piastres, soit de 133,333 piastres, formée par Son Altesse le Bey, pour prix de l'apalte de la monnaie de cuivre;

---

§ X. 91,666 piastres, pour moitié dans le fermage de la mine de plomb de Djebba, concédée au général Benaïad et à S. Exc. le Kasnadar, à raison de 100,000 piastres par an et exploitée pendant un an et dix mois.

LE COMITÉ,

Considérant que, par amra en date de sfar 1267, la mine de plomb de Djebba a été concédée à S. Exc. le Kasnadar et au général Benaïad, chacun pour moitié et au prix de 100,000 piastres par année; que, selon Son Altesse le Bey, l'exploitation aurait duré un an et dix mois;

Considérant que l'original de l'amra de concession est produit; que le général Benaïad a d'abord soutenu qu'il ignorait absolument et la concession et l'acte qui la lui aurait faite, de compte à demi avec S. Exc. le Kasnadar; qu'il a ensuite expliqué que, par acte de djoumad-el-aoual 1263, il a été autorisé à faire des fouilles pour découvrir des mines dans toute l'étendue de la Régence; qu'en vertu de cette autorisation, Hamida Benaïad, son neveu, accompagné de M. Courtépée, ingénieur, a fait des explorations et a, notamment, examiné la mine de Djebba; mais que le résultat de leurs travaux lui a donné la conviction que cette mine n'était pas de nature à produire des avantages pour ceux qui l'exploiteraient; qu'en conséquence, il n'a jamais consenti à la concession qui lui avait été proposée; que le Gouvernement tunisien, convaincu lui-même, par son expérience, que la mine était improductive, a, sans doute, formé le projet d'en laisser l'exploitation à des tiers, mais que ce projet n'a jamais reçu son exécution; que l'acte produit par Son Altesse le Bey, relatif à la monnaie d'argent, est revêtu d'une déclaration ainsi conçue : « J'ai entre les mains l'ordonnance de Notre Seigneur, et j'ai accepté les « conditions qu'elle renferme. — Signé : Mahmoud Bénaïad. »

Que c'était ainsi que se traitaient toutes les affaires du même genre, et qu'aucune acceptation semblable ne se trouvait sur l'amra de sfar 1267, relatif à la mine de Djebba; que, si la concession avait été acceptée, elle serait devenue l'objet d'une association avec S. Exc. le Kasnadar; que cette association se serait manifestée d'une manière quelconque; que, cependant, aucun document relatif à cette prétendue association n'était produit ni par Son Altesse le Bey, ni par S. Exc. le Kasnadar;

Considérant qu'il n'est point justifié par Son Altesse le Bey que la concession de sfar 1267 ait été acceptée par le général Benaïad; qu'on ne peut voir une preuve suffisante d'acceptation dans une lettre adressée par le Kasnadar au général, en ramadan 1266; qu'un reçu qui aurait été donné par Hamida Benaïad au moment de la prise de possession de la mine serait, au contraire, un document d'une haute gravité; mais que ce reçu n'a pas été produit,

EST D'AVIS

Que, dès lors, la demande de Son Altesse doit être rejetée.

§ XI. 840,000 piastres pour apaltes de la Rabta, de l'Alpha et de la Koucha pour les années 1256, 1257 et 1258.

LE COMITÉ,

Considérant que Son Altesse le Bey, pour justifier sa demande, a soutenu que pendant les années 1256, 1257 et 1258 le général Benaïad n'était point fermier de ces revenus de la Rabta, de l'Alpha et de la Koucha, qu'il ne les a pris à bail qu'en 1259; mais que, pendant les années précitées, il était chargé de la perception de ces revenus, et qu'il devait en rendre compte; qu'à défaut de comptes détaillés rendus par lui, il y avait lieu de prendre pour base précisément le prix du bail qu'il avait contracté en 1259; que ce mode de procéder ne pouvait lui causer aucun préjudice, et qu'il lui présentait, au contraire, un avantage, puisque, indépendamment et en sus de la redevance qu'il était obligé de payer comme fermier, les revenus devaient produire pour lui des bénéfices qui lui appartenaient légitimement pour 1259 et pour les années suivantes, mais auxquels il n'avait aucun droit en qualité de mandataire chargé de la perception;

Considérant que le général Benaïad a d'abord répondu que c'était son père qui était chargé de la perception des revenus de l'Alpha, de la Rabta et de la Koucha, pendant les années 1256, 1257 et 1258, et que, par conséquent, lui, Benaïad, était étranger aux comptes de ces trois années; que, d'ailleurs, ayant remplacé son père en 1260, le solde débiteur du compte de ce dernier avait été porté sur les livres de Son Altesse le Bey, comme formant le premier article de son compte personnel, réglé par teskéré du 1er ramadam 1264; que le Gouvernement tunisien ne pouvait le nier; qu'ainsi, son père et lui se trouvaient libérés;

Considérant que sur la demande à lui faite de produire le teskéré du 1er ramadan 1264, afin de vérifier si effectivement le premier article du compte réglé par ce teskéré était le solde débiteur du compte de son père, il a dit que le teskéré ne contenait pas un compte détaillé ; qu'il se bornait à un règlement général, et que les articles se trouvaient portés sur les registres du palais ;

Considérant qu'il a déclaré enfin accepter la responsabilité de la gestion de son père, mais qu'il a persisté à invoquer le règlement de 1264, après en avoir expliqué la forme ; qu'il a ajouté que, constamment, le solde du compte de chaque année était porté dans le compte de l'année suivante ; qu'il a présenté, comme preuves de cette assertion, divers règlements successifs ;

Considérant que des articulations de fraude et même de falsification de pièces ont été produites au nom de Son Altesse le Bey ; que de vifs reproches ont été adressés au général Benaïad, en raison de la défense qu'il avait d'abord proposée, en soutenant qu'il était étranger à l'administration de son père ; mais que les graves accusations dont il s'agit n'ont point été justifiées, et qu'en définitive, la responsabilité des faits personnels au père du général Benaïad est acceptée par celui-ci ; qu'il reste donc à examiner quelle est la valeur des comptes arrêtés par les teskérés de 1260, 1261, 1262 et 1264, et à décider si le général Benaïad doit être débité des 13,837 caffis d'orge portés dans le règlement du 3 moharam 1261 ;

Considérant que le teskéré du 1er ramadan 1264 contient un nouveau règlement qui embrasse les trois années et dix mois précédents, c'est-à-dire les années 1260, 1261, 1262 et 1263 ; qu'ainsi, il fait précisément suite au règlement du 3 moharam 1261, comprenant l'année 1259 ; mais qu'il n'est point suffisamment établi que le solde de 1259 ait été compris dans le règlement des années qui ont suivi ; que les termes invoqués par le général Benaïad du règlement de 1264 ne sont pas non plus complétement décisifs ; que ce règlement est ainsi conçu : « Nous avons réglé notre compte avec le noble et fidèle, notre fils magnifique, le « général Mahmoud Benaïad, directeur de l'Entrepôt des fourrages, pour l'orge « qu'il a reçue et celle qu'il a livrée pendant trois ans et dix mois expirés fin de « djamad-el-aoual de la présente année. La totalité qu'il a reçue est de 98,357

« caffis 7 ouibas et 6 saas d'orge, la quantité qu'il en a livrée est de 83,232 « caffis et demi, 10 ouibas et 8 saas d'orge, non compris l'arriéré s'élevant à « 15,124 caffis, 10 ouibas 8 saas, comme il est détaillé dans le registre.

« *P. S.* La quantité restante ne lui sera pas réclamée parce qu'elle a été portée « sur son compte. »

Considérant que cette expression, *l'arriéré*, et la mention du *Post-scriptum*, se réfèrent à la quantité de 15,124 caffis formant le solde du compte des années 1260, 1261, 1262 et 1263, mais qu'elles ne comprennent le solde du compte de l'année 1259 ni d'une manière expresse, ni même d'une manière implicite;

Considérant, toutefois, que le général Benaïad a formellement articulé que les registres du palais contiennent, comme premier article, au débit de son compte personnel, le solde du dernier compte réglé avec son père; que le règlement de 1264 justifierait au besoin cette allégation, puisqu'il dit expressément que les recettes et les dépenses sont détaillées sur les registres; que Son Altesse le Bey, qui a les registres en sa possession, a un moyen facile de trancher la difficulté,

EST D'AVIS

Que les comptes relatifs à cette réclamation devront être établis conformément aux énonciations des registres de Son Altesse.

§ XII. 280,000 piastres pour apalte de l'Alpha, de la Rabta et de la Koucha, et 130,000 piastres, redevance de Gerbi, ensemble 410,000 piastres pour l'année 1268.

LE COMITE,

Considérant que le général Benaïad se reconnait débiteur du montant de l'apalte de la Rabta, de l'Alpha et de la Koucha pour l'année 1268 ; mais qu'il soutient que le prix de l'apalte n'est point de 280,000 piastres, comme le soutient Son Altesse le Bey; qu'il est seulement de 100,000 piastres;

Considérant qu'un moyen simple et décisif de sa solution eût été la production de l'acte constitutif de l'apalte, mais que le général prétend que c'est verbalement que le prix de l'apalte a été fixé; qu'en définitive, l'acte constitutif n'est produit ni par lui ni par les agents de Son Altesse le Bey; qu'il est, par conséquent, nécessaire de recourir à d'autres moyens pour décider la contestation qui s'élève sur ce point;

Considérant que les agents de Son Altesse avaient d'abord invoqué, à l'appui de leurs allégations, les énonciations d'un règlement de compte de sfar 1267, produit par le général Benaïad lui-même; que, dans ce compte, le prix de l'apalte est porté pour trois ans à 300,008 piastres, c'est-à-dire à 100,000 piastres par an; qu'immédiatement après cet article, il y en a une autre intitulé : *Somme supplémentaire pour les années ci-dessus, 540,000 piastres*, ce qui fait, par an, 180,000 piastres, lesquelles, jointes aux 100,000 piastres ci-dessus énoncées, forment la somme totale de 180,000 piastres pour chaque année;

Considérant qu'à cette démonstration, en apparence si concluante, le général

Benaïad a répondu que la somme supplémentaire de 540,000 piastres pour les trois années ne s'appliquait pas seulement à l'apalte de la Rabta, de l'Alpha et de Koucha ; qu'elle se référait aussi aux fermages de Gerbi, de Ouatan et de Métallit, qui figurent dans le compte immédiatement avant l'article relatif à l'apalte de la Rabta, de l'Alpha et de la Koucha; considérant que cette observation laisse incertaine la question qu'il s'agit de résoudre; que le général Benaïad a proposé un nouveau système; qu'il a demandé que l'année 1268 fût réglée, comme l'avaient été les trois années précédentes, en sfar 1267, c'est-à-dire qu'on portât à son débit tous les fermages qui figurent dans le règlement précité, s'élevant ensemble à 760,000 piastres, savoir :

Gerbi.	130,000	piastres.
Ouatan.	300,000	»
Métallit.	50,000	»
Rabta.		
Alpha.	100,000	»
Koucha.		
Addition supplémentaire.	180,000	»
Total. . . .	760,000	»

Mais qu'il a également demandé qu'après l'avoir débité de ladite somme de 760,000 piastres, on lui tînt compte et qu'on le créditât des revenus de Ouatan et de Métallit, lesquels se seraient élevés à 1,170,000 piastres;

Considérant que les agents de Son Altesse ont formellement accepté la proposition du général Benaïad, en protestant contre l'assertion que les revenus de l'Ouatan et de Métallit s'étaient élevés à 1,170,000 piastres; qu'il n'y a, dès lors, plus qu'à décider à quelle somme doivent être fixés les revenus précités; considérant que, dans l'intérêt de Son Altesse le Bey, il a été produit des extraits des registres contenant, selon lui, les comptes des revenus de l'année 1268; que, sur l'un de ces documents, on lit ce qui suit : « Dîmes et saas des huiles du Ouatan-el-« Kebli, pendant l'année 1268, par l'entremise du général Mohammed-Ali,

« Caïd dudit Ouatan, métaux 1364. Écrit le 1er djemed-ewel 1272; » que le général Benaïad s'est borné à répondre : « Cette pièce n'a pas de valeur et « ne peut donner aucune preuve, attendu qu'elle n'a aucun fondement. »

Que d'autres comptes, produits par Son Altesse le Bey, quoique extrêmement laconiques, donnent cependant plus de détails; que l'un, pour Ouatan, présente un solde de 66,817 piastres, 304 caffis de blé et 456 caffis d'orge ; l'autre, pour Métallit, donne le résultat suivant : 147,737 piastres et 228 caffis d'orge ;

Considérant que le général Benaïad, dans les explications qu'il a fournies sur ces pièces, a d'abord, en termes vagues et généraux, répété : *altération, falsification, fabrication;* qu'il a ensuite soutenu que ce n'était pas seulement pour l'année 1268 qu'il avait droit de réclamer le compte des revenus ; que ce compte lui était dû de 1263 à 1270; qu'il avait payé les fermages pour 1263, 1264, 1265, 1266 ; qu'en conséquence, et pour ces quatre années, les revenus lui étaient dus en entier et sans aucune déduction ; que, quant aux années 1267, 1268, 1269, pour lesquelles le fermage n'avait pas été payé par lui, il avait droit également aux revenus, mais sous la déduction du prix de fermage ; qu'enfin, en ce qui concerne l'année 1268, il a critiqué plusieurs des énonciations des comptes, et signalé certaines omissions, notamment celle de 140,000 piastres montant de la taxe indirecte dite quart d'ouatan ;

Considérant que le débat, limité d'abord à l'année 1268, se trouve ainsi étendu à sept années, commençant à 1263 et finissant à 1270 ; que ce mode de procéder tend à rendre les contestations interminables ; que, d'ailleurs, les accusations d'altération, de falsification et de fabrication, dénuées de toutes preuves, ne peuvent être considérées comme des moyens sérieux de réfutation, lorsque, d'ailleurs, les vérifications de M. le consul général de France à Tunis, transmises par ce fonctionnaire à S. Exc. M. le ministre des affaires étrangères, sont de nature à inspirer une grande confiance dans les extraits des registres de la comptabilité de Son Altesse le Bey.

Considérant, toutefois, que Son Altesse le Bey doit incontestablement rendre compte des revenus de Ouatan et de Métallit, au moins pour l'année 1268, et, selon les prétentions nouvelles du général Benaïd, pour sept années finissant en 1270;

Que le général Benaïad signale certaines émissions sur lesquelles les agents de Son Altesse le Bey n'ont fourni aucune explication; que, pour arriver à un règlement éclairé, il convient de prescrire avec précision la forme que les parties seront tenues d'observer;

Qu'en conséquence, dans le règlement qu'il fera avec le général Benaïad, Son Altesse le Bey présentera un compte détaillé, accompagné de pièces justificatives pour l'année 1268; qu'il devra, non-seulement donner, comme il l'a déjà fait, l'extrait de ses registres, mais produire toutes les pièces de la comptabilité de ses agents chargés de la perception des revenus; que, de son côté, le général Benaïad devra fournir ses contredits, article par article, et joindre les pièces justificatives; que le compte devra comprendre seulement l'année; que c'est sur ce point seul que le débat s'est engagé; que les renseignements ont été demandés et fournis et qu'il n'est pas possible de revenir sur les années antérieures à l'égard desquelles les parties ont réglé précédemment leurs intérêts;

Que, pour les années postérieures à 1268, les rapports créés par les conventions ayant cessé d'exister entre les parties, ainsi qu'il a déjà été dit sur plusieurs autres chefs, et que les parties l'ont reconnu elles-mêmes, il est impossible de dresser des comptes qui seraient l'exécution desdites conventions,

EST D'AVIS

Que l'année 1268 doit seule être l'objet d'un règlement;

Que ce règlement doit être fait d'après les bases ci-dessus, c'est-à-dire comprendre au débit du général Benaïad 760,000 piastres pour le montant des fermages d'Ouatan, de Gerbi, de Métallit, Rabta, Alpha, Koucha, et comprendre à son crédit le montant total des revenus justifiés en la forme ci-dessus indiquée.

§ XIII. 543,109 piastres, pour apalte des terres du Gouvernement, depuis 1260 jusqu'en 1268, à raison de 77,000 piastres par an, déduction faite des sommes reçues en 1267.

LE COMITÉ,

Considérant que le prix de l'apalte des terres du Gouvernement a été fixé à l'origine, comme l'indique Son Altesse le Bey, à 77,000 piastres par an; qu'en calculant sur cette base la somme due pour les huit années, elle s'élèverait à 616,000 piastres et non à 656,000, comme l'énonce le compte de Son Altesse; qu'en déduisant de 616,000 piastres 112,891 piastres dont le général Benaïad a été débité en 1267, ainsi que cela est reconnu par toutes les parties, le solde dû par le général ne serait plus que de 493,109 piastres, au lieu de 543,109 piastres demandées par Son Altesse le Bey;

Mais considérant que le général a opposé à cette demande qu'antérieurement même à 1260, la munificence de Son Altesse le Bey récompensa plusieurs de ses serviteurs par le don d'une partie des terres du Gouvernement; que ces libéralités ont dû nécessairement diminuer les revenus, et, par conséquent, justifier une réduction sur le prix de l'apalte; qu'il résulte d'un compte réglé en 1262 que ces revenus avaient été réduits, dans les années précédentes, de 78,635 piastres; qu'un autre compte, réglé par teskéré en date du 9 rebi-el-aoual 1267, démontre que pour les six années précédentes, toujours en raison des aliénations successives des terres, l'apalte aviat été réduit à 112,891 piastres; qu'enfin, à la même époque de 1267, presque toutes les terres ayant été données, l'apalte tomba faute d'objet;

Considérant qu'à l'appui de ces allégations, le général Benaïad a produit les comptes réglés par les teskérés de keda 1262 et de rebi-el-aoual 1267, et un petit registre sur lequel sont désignées, article par article, toutes les terres du Gouvernement et des casernes, et tous les revenus par elles produits pendant les années 1261, 1262, 1263, 1264, 1265 et 1266, lesquels revenus se sont élevés à la somme de 112,891 piastres ;

Considérant qu'il est certain en fait que des aliénations successives des terres ont eu lieu, à partir de 1257 ; que, par ce motif, une réduction a été consentie par Son Altesse le Bey sur le montant de l'apalte dû par le général Benaïad ; que la preuve de ces aliénations et de la diminution de l'apalte, qui en a été la conséquence, résulte des comptes réglés en 1262 et 1267 ; que Son Altesse le Bey l'a formellement reconnu, puisque, sur la réclamation élevée par le général Benaïad, elle a constamment déclaré que, pour les aliénations postérieures à 1260, on procéderait, comme on l'avait fait en 1262, pour les années antérieures ;

Considérant que le général Benaïad prouve, d'abord, par les comptes réglés en 1262, que les revenus des terres avaient diminué, pour les quatre années antérieures, d'une somme de 78,000 piastres ; qu'il prouve également par les comptes réglés dans le teskéré du 9 rebi-el-aoual 1267, que l'apalte pour les six années 1261, 1262, 1263, 1264, 1265 et 1266, n'a été compté que pour une somme de 112,891 piastres, ce qui donnerait, en moyenne, pour chaque année, 18,615 piastres; mais qu'il résulte des comptes produits par le général Benaïad que les revenus ont été toujours en décroissant : que, pour l'année 1265 et pour l'année 1266, ils ne se sont élevés, en nombres ronds, qu'à 13,000 piastres et à 10,000 piastres; qu'il devait en être ainsi, puisque la décroissance des revenus avait pour cause les aliénations successives des terres, et qu'il est juste de prendre cette circonstance en considération dans le règlement du compte; qu'il n'est pas possible de supposer qu'en portant dans les comptes l'article de 112,891 piastres, le général Benaïad n'avait voulu que se débiter d'une somme dont il se reconnaissait comptable, sans rien préjuger sur les obligations qui lui étaient imposées; que l'article est libellé de manière à montrer que les 112,891 piastres étaient le montant des sommes dues, et en outre, qu'elles étaient ainsi réduites en raison des distractions des terres opérées par Son Altesse le Bey; que cet article est en effet conçu dans les termes suivants : *Produit des terres du Gouvernement et des casernes, en dehors des revenus de ces terres cédées à d'autres personnes, 112,891 piastres ;* que le Bey, en approuvant le compte, a reconnu l'exactitude des énonciations de cet article, et ne peut plus aujourd'hui la contester;

Considérant que le général Benaïad articule que la progression décroissante a été telle, qu'en 1267 les revenus étaient tombés à 3,000 piastres par an, et que l'apalte n'ayant plus d'objet, a cessé d'exister ; mais qu'aucune preuve n'est fournie à ce sujet; qu'en conséquence, les six années antérieures à 1267 doivent être écartées du compte, puisque la somme de 112,891 piastres portée dans le supplément du 9 rebi-el-aoual 1267 représente ce qui est dû pour ces six années; que Son Altesse le Bey n'a plus à exiger que ce qui est dû pour les années 1267 et 1268; qu'en fixant à 12,000 piastres par année la somme à payer par le général Benaïad, on alloue à Son Altesse le Bey tout ce qui lui est légitimement dû,

EST D'AVIS

Qu'en conséquence, au lieu des 543,109 piastres demandées par Son Altesse, vingt-quatre mille piastres seulement doivent être portées au débit du général Benaïad.

§ XIV. 300,000 piastres, prix des marchandises envoyées à l'exposition de Londres, et prises par le général Benaïad.

LE COMITÉ,

Considérant que le général Benaïad soutient que les marchandises envoyées par Son Altesse le Bey à l'exposition de Londres et dont le prix lui est réclamé, lui ont été abandonnées à la charge par lui de payer tous les frais que le transport de ces marchandises et le soin de leur conservation à Londres ont exigés; qu'à l'appui et comme preuve de cette allégation, il a cru pouvoir invoquer deux lettres à lui adressées par le Kasnadar, dont il a cité les extraits;

Considérant que Son Altesse le Bey et le général Benaïad sont d'accord sur ce point; que la convention a eu lieu verbalement, et qu'aucun acte ne peut être produit;

Que les seuls documents qui puissent jeter quelque lumière sur le sens de la convention que toutes les parties reconnaissent avoir eu lieu, sont les deux lettres écrites par le Kasnadar le 27 rebi-el-aoual et le 21 sfar de la même année;

Que la première est ainsi conçue : « Quant aux frais du bateau à vapeur qui « a transporté les marchandises à Londres, je demande quel est le motif qui « vous empêche de les payer, lorsque vous vous êtes chargé, en présence de « notre maître et de sa suite, de tous les frais d'aller et de retour, en raison de « l'abandon qui vous a été fait desdites marchandises; »

Que, dans la seconde, le Kasnadar, après avoir parlé de différentes affaires, ajoute : « Quant au nolis du paquebot à vapeur qui a transporté les marchandises « à Londres, pourquoi vous refusez-vous à le payer, lorsque vous avez pris et

« disposé de toutes les marchandises, à la charge par vous de payer tous les « frais de transport et autres dépenses? Souvenez-vous donc de votre parole et « n'oubliez pas cela, car cette convention a eu lieu à la Mahomédie, en pré- « sence de notre maître et de sa suite la plus intime. Lorsque vous étiez à Tunis, « vous ne parliez pas ainsi. En résumé, demandez plutôt au chevalier Mercier, « ainsi qu'à nous, un délai de quelque temps sans faire de cela une affaire et sans « refuser de payer; car, comment refuseriez-vous de payer, surtout dans un « semblable moment et dans une pareille situation? Nous avons écrit au che- « valier Pastré de toucher de vous, sans faute, ladite nolisation, et nous avons « porté cela à la connaissance de notre maître. Il dit qu'il ne reconnaît ni noli- « sation ni frais; que vous avez pris les marchandises en sa présence, en vous « chargeant de tous les frais quelconques, quelque grands ou quelque minimes « qu'ils soient; »

Considérant qu'au nom de Son Altesse le Bey, on a soutenu que ces lettres ne parlent que de l'obligation de payer les frais, parce que c'était seulement à raison d'une partie de ces frais qu'une contestation s'était élevée; mais qu'il n'était pas possible d'en induire que le prix des marchandises ne fût pas dû.

Considérant qu'il résulte, au contraire, soit de l'ensemble des deux lettres, soit des expressions qui y sont employées, que Son Altesse le Bey a fait au général Benaïad l'abandon des marchandises, à la seule condition que celui-ci payerait tous les frais qu'elles avaient occasionnés;

Qu'au surplus, les agents de Son Altesse le Bey ne paraissent pas s'être fait illusion sur l'interprétation qui devait être donnée aux deux lettres du Kasnadar, puisqu'ils ont soutenu, subsidiairement, qu'en admettant que les marchandises eussent été abandonnées, moyennant le payement des frais, le refus du général Benaïad de payer le nolis du navire emportait résolution du contrat; qu'évidemment, ce nouveau moyen n'est point fondé; que la prétention du général ne peut, par cela seul qu'elle a été présentée à tort, rendre la résolution du contrat inévitable; que tous les droits et tous les intérêts recevront une légitime satisfaction pour le payement de tous les frais qu'effectuera le général Benaïad, en conservant les marchandises qui lui ont été abandonnées, ce qui sera l'exécution de la conventions,

EST D'AVIS

Que la demande de 300,000 piastres doit être rejetée, et que le général Benaïad doit payer les frais de transport.

---

§ XV. 10,853 piastres pour solde du fermage des huiles dans le Ouatan pour 1260.

LE COMITÉ,

Considérant que le général Benaïad avait d'abord répondu que cette somme de 10,853 piastres était entrée au débit de son compte dans le teskéré de règlement général du 3 djoumad-el-tani 1262; que, plus tard, il a déclaré que c'était par erreur qu'il avait indiqué, comme établissant sa libération, le teskéré précité; que la somme de 10,853 piastres pour le solde du saa d'Ouatan était portée dans un compte de soixante-dix fermages réglé par amra du 9 keda 1262;

Considérant que le compte et l'amra sont produits par le général Benaïad; qu'on voit, dans le compte, un article ainsi conçu : 80,000 piastres pour fermage des revenus d'Ouatan pour 1260; que l'amra relatif au compte contient l'énonciation suivante : « Notre illustre fils, le général Mahmoud Benaïad a payé la « redevance des 70 fermages stipulés dans les 70 articles, à la droite de la « présente, pour diverses époques également indiquées.

« Le général Benaïad *s'en est acquitté entièrement, et tout ce qui pourrait « paraître de teskérés ou reçus y relatifs restera sans valeur après cet écrit ;* « 9 keda 1262. Signé : Ahmed-Pacha, bey ; »

Considérant que les termes de cette déclaration sont absolus,

EST D'AVIS

Qu'il y a lieu de rejeter la demande de Son Altesse le Bey.

§ XVI et XVII. 323,251 piastres, pour différence sur le prix des marbres et des briques achetés par le général Benaïad pour le compte du Gouvernement.

500,987 piastres, pour différence sur le prix des bois de construction et des fusils achetés pour le compte du Gouvernement.

Mémoire, pour différence sur le prix des meubles que le Gouvernement avait chargé le général Benaïad d'acheter.

Ensemble : 824,238 piastres.

LE COMITÉ,

Considérant qu'à l'appui de cette réclamation, Son Altesse le Bey a soutenu que le général Benaïad avait été chargé comme son agent, son mandataire, de faire l'acquisition de divers objets, tels que marbres, briques, bois de construction, fusils et meubles ; que, par un véritable abus de mandat, il avait porté dans ses comptes les différentes marchandises à des prix supérieurs à ceux qu'il avait effectivement payés, ou qu'il s'était procuré un bénéfice également illicite, en exigeant des marchands avec lesquels il était chargé de régler, et en conservant pour lui un escompte qui ne s'élevait pas à moins de 40 pour 100 ;

Considérant que le général Benaïad a répondu à ces accusations qu'il n'avait point été chargé comme mandataire de faire, pour le compte du Gouvernement, des acquisitions de marchandises; qu'il a traité avec le Gouvernement comme marchand, comme spéculateur ; qu'il a pu, par conséquent, légitimement vendre à des prix supérieurs à ceux moyennant lesquels il avait acheté; qu'il n'avait point exigé des escomptes de 40 pour 100; qu'il aurait pu, au surplus, le faire loyalement, puisqu'il payait comptant, et que le Gouvernement de Son Altesse le Bey ne le remboursait qu'après sept, huit et quelquefois dix ans; qu'au taux auquel est l'argent dans la Régence, ces délais auraient complètement justifié l'escompte de 40 pour 100, s'il l'avait effectivement perçu;

Considérant que, dans cette situation, il importait de vérifier les faits respectivement allégués; que, sur ces différents points, des explications ont été fournies et des pièces ont été produites par les parties;

Considérant que les comptes relatifs aux opérations du général Benaïad ont été réglés depuis longtemps entre lui et Son Altesse le Bey, et que, sous ce premier rapport, c'est à Son Altesse à démontrer qu'il y a lieu, par un motif quelconque, au redressement de ces comptes; qu'en outre, Son Altesse accuse formellement le général Benaïad d'avoir abusé du mandat qu'il avait reçu, de la confiance qui lui avait été donnée; que, sous ce second rapport, c'est encore à Son Altesse à prouver ses assertions;

Considérant que l'examen des pièces produites, soit par Son Altesse le Bey, soit par le général Benaïad, et les explications qui les ont accompagnées, laissent au moins beaucoup d'incertitude sur quelques-uns des faits articulés; et que sur certains points le général Benaïad établit que les allégations dirigées contre lui sont inexactes;

Que, d'abord, pour démontrer que le général Benaïad a procédé comme mandataire, les agents de Son Altesse le Bey affirment que le général, dans ses rapports avec lui, n'a jamais eu que la qualité de mandataire ou d'agent, et celle de fermier; qu'il en avait été de même pour le père du général, lequel, en conséquence, dans l'acte de cession faite à son fils, n'a parlé que des droits qu'il avait comme fermier ou comme chargé de certaines gestions;

Mais considérant que Son Altesse le Bey a reconnu lui-même que, dans quelques occasions, il a traité avec le général Benaïad comme négociant, comme spéculateur, puisqu'il dit dans ses explications, que lorsqu'il faisait avec le général des conventions par lesquelles celui-ci vendait des marchandises dont il était propriétaire, les ventes avaient lieu sur des notes detaillées, signées de Son Altesse le Bey, et portant le prix de chaque article; qu'à la vérité, Son Altesse conclut, de l'absence de ces notes, que le général n'avait pas procédé comme vendeur dans les affaires objet de sa réclamation; mais que son argumentation prouve, en même temps, que le général ne restait pas toujours exclusivement renfermé dans les opérations de fermier ou dans les actes de mandataire; qu'enfin, cette habitude d'être mandataire ou fermier, eût-elle été constamment suivie, serait tout au plus une présomption que, dans le cas particulier, le général Benaïad ne s'en était pas écarté, mais qu'elle ne pourrait être admise comme une preuve décisive; qu'il faut donc s'attacher, pour résoudre la question, aux pièces produites et aux arguments que les parties y ont puisés;

Considérant qu'en ce qui touche les marbres et les briques, Son Altesse le Bey a présenté: 1° un acte intervenu entre le général Benaïad et deux négociants nommés Kassem-el-Esaby et Hibrahim-ben-Rahmine Kalfoun, en date du 8 chaban 1262; 2° la copie d'un compte entre le général et Kalfoun, l'un des signataires du traité précité; que, selon Son Altesse le Bey, ces documents prouvent la qualité de mandataire dans la personne du général et les faits qui lui sont reprochés;

Considérant que, de son côté, le général Benaïad a fourni pour sa défense: 1° un registre revêtu de la signature de Son Altesse le Bey; 2° un compte réglé et revêtu de la signature de Son Altesse le Bey, portant la date du 8 sfar 1261; 3° un compte arrêté entre le général Benaïad et Kalfoun; 4° l'extrait du contrat avec Kalfoun; 5° une lettre du Bey;

Que, selon le général Benaïad, ces documents justifient complétement les moyens par lesquels il repousse absolument la réclamation dirigée contre lui;

Considérant que Son Altesse le Bey soutient que la qualité d'agent ou de mandataire du général Benaïad se trouve établie non-seulement par ses productions, mais même par celles du général;

Qu'il fait remarquer qu'on voit figurer dans les comptes présentés par ce dernier des articles énonçant de quelles personnes il avait acheté les marchandises;

que si le général Benaïad eût acheté ces objets pour son compte et comme spéculateur, il n'eût point, dans ses comptes avec le Gouvernement, indiqué leur origine et les noms de ses vendeurs ; que ces énonciations n'avaient pour but que de soumettre au contrôle du Gouvernement les acquisitions qu'il avait faites comme mandataire, et leur prix ; qu'un autre indice évident de cette qualité résultait de la nature de tous les articles du compte, au milieu desquels étaient placés ceux qui concernaient les achats de marbres et autres marchandises ; qu'en effet, tous ces articles se référaient à l'exécution des mandats donnés au général par Son Altesse le Bey ; que les teskérés fournissaient aussi une preuve décisive que, s'ils avaient été délivrés en payement d'objets, dont le général aurait été le vendeur, ils auraient certainement porté les prix convenus pour objets vendus ; que jamais le Gouvernement, acheteur, ne s'en serait remis à la discrétion de son vendeur ; qu'il n'aurait point payé ainsi, sans savoir à quel prix les ventes lui étaient faites, tandis qu'au contraire, le Gouvernement pouvait, sans inconvénient, charger son mandataire de payer les teskérés sans indication des prix des marchandises, le mandataire devant rendre compte des sommes qu'il avait déboursées pour les acquisitions ;

Que Son Altesse le Bey a ajouté que le règlement de compte entre le général Benaïad et Hibrahim Kalfoun, confirmait les présomptions déjà présentées ; qu'il est dit dans ce règlement : « Nous avons réglé, avec le négociant Hibrahim Kalfoun « et son fils Clément, le compte du montant des marbres qu'ils ont livrés *pour le « Gouvernement, en vertu des teskérés qu'ils nous ont remis, ainsi que le mon- « tant des marbres qu'ils ont livrés en vertu de nos teskérés pour nos propres « bâtisses, et ils nous ont également remis nos teskérés ;* » qu'il résulte de ces termes que les fournitures étaient faites par Kalfoun au Gouvernement ; que Kalfoun était le vendeur ; que, dès lors, Benaïad ne pouvait pas l'être ; qu'il n'était que le mandataire chargé de payer les teskérés ; que la même conséquence devait être tirée de la distinction faite dans le compte entre les marbres vendus au Gouvernement et les marbres vendus à Benaïad ; que si, après les avoir achetés de Kalfoun, Benaïad avait dû procéder comme vendeur avec le Gouvernement, aucune distinction n'eût été faite, tout eût été porté comme acheté pour son compte, sauf à lui à employer, comme il le jugerait convenable, ses acquisitions, à en conserver une partie pour son usage personnel et à revendre le surplus, soit au Gouvernement, soit à tout autre; que la distinction devenait, au contraire, indispensable, si Benaïad procédait comme mandataire; que Son Altesse a insisté, en disant que des inductions non moins graves sont fournies par la lettre de Son Altesse le Bey, du 4 moharrem 1268, adressée au général Benaïad, produite par ce dernier, puisque dans cette lettre, Son Altesse lui dit que le travail est arrêté *par sa négligence;* que ce langage convient lorsqu'on s'adresse à un mandataire qui peut être négligent; qu'il n'est pas compatible avec la qualité de négociant, de spéculateur, laquelle ne permet pas de supposer, chez celui à qui elle appartient, de la négligence pour ses propres intérêts;

Considérant que, pour établir la perception d'un escompte de 40 pour 100, Son Altesse le Bey présente le traité entre le général Benaïad et Kalfoun, dans lequel est stipulé, au profit du premier, un escompte de 20 pour 100, lequel, selon Son Altesse le Bey, a été réellement porté à 40 pour 100, ainsi que cela résulte du règlement de compte qui a eu lieu plus tard et dont Son Altesse fournit une copie;

Qu'en conséquence, Son Altesse a conclu à ce que, sur la somme de 808,129 piastres à laquelle s'élèvent les fournitures de marbres et de briques, on opérât une réduction de 40 pour 100, soit 323,251 piastres;

Considérant que les réponses et les pièces produites par le général Benaïad ne permettent pas d'admettre ces diverses réclamations de Son Altesse le Bey;

Que, d'abord, ainsi qu'il a été précédemment établi, c'était à Son Altesse le Bey à fournir preuve que les comptes depuis longtemps arrêtés et réglés par lui contenaient des erreurs, ou étaient viciés par la fraude, et devaient être, en conséquence, rectifiés; que cette preuve n'a pas été faite; que tout ce qui a été dit pour justifier la qualité de mandataire du général se réduit à des présomptions qui n'ont point un caractère suffisant de précision, de gravité et de concordance;

Que, d'ailleurs, la production du traité entre le général Benaïad et Kalfoun, et les faits constants qui se rattachent à l'exécution de ce traité ne peuvent laisser de doute sur le rôle de chacune des parties dans ces opérations ;

Qu'il résulte d'abord du traité qu'une association avait été contractée entre le général et deux négociants de Tunis, Kassem-el-Essabi et Kalfoun, pour des achats de marchandises, notamment de marbres et de briques ;

Que la liquidation de cette association avait constitué le général Benaïad créancier de ses coparticipants d'une somme de 22,939 piastres ; qu'indépendamment de cette somme à lui due, le général Benaïad a consenti à prêter solidairement à Kassem-el-Essabi et à Kalfoun une somme de 40,000 piastres pour leurs opérations commerciales ;

Que le général Benaïad s'est obligé à accepter tous les teskérés que lui présenteraient ses anciens participants, provenant du Gouvernement, *pour les marchandises que le Gouvernement achèterait d'eux ;* qu'il a été stipulé *qu'il retrancherait du prix desdites marchandises le 20 pour 100, et qu'il retiendrait sur le restant, après cette déduction, un tiers dont il lui tiendrait compte sur les 22,939 piastres dont ils étaient ses débiteurs ;*

Que ces conventions ont été exécutées ; que les marchandises ont été livrées au Gouvernement tunisien par Kalfoun et Kassem-el-Essabi ; que le Gouvernement les a payées au moyen de teskérés ; que les teskérés ont été escomptés par le général Benaïad au taux de 20 pour 100, et que celui-ci a, en outre, retenu le tiers pour se payer des sommes dont il était créancier ;

Que, d'après cette combinaison, on ne doit admettre, ni avec Son Altesse le Bey, que le général Benaïad était son mandataire pour acheter et payer des marchandises, ni avec le général Benaïad qu'il était un spéculateur, un négociant vendant ses marchandises au Gouvernement au prix qu'il jugeait convenable ; que, dans la vérité des faits, Kalfoun et Kassem-el-Essabi ont directement vendu au Gouvernement les marbres et les briques qui lui étaient nécessaires ; que le Gouvernement les a si bien considérés comme ses vendeurs et comme créanciers du prix, que c'est à eux qu'il a délivré les teskérés du payement ; que ces teskérés étaient si bien leur propriété, qu'ils ont consenti à en abandonner le tiers au général Benaïad pour se libérer de leur dette personnelle envers lui ; qu'en l'absence de toute preuve contraire, ces rappports directs entre le Gouvernement et les fournisseurs font nécessairement supposer que les prix ont été débattus et fixés entre eux ; que si plus tard le général Benaïad, conformément à son traité avec Kalfoun et Kassem-el-Essabi, a escompté les teskérés, cette opération, étrangère au Gouvernement, ne peut être pour Son Altesse le Bey la source d'aucun droit, ni un titre qui l'autorise à exercer un recours quelconque contre le général Benaïad ; que l'on conçoit d'ailleurs que des marchands, des fournisseurs, ayant traité avec le Gouvernement, aient voulu négocier des valeurs qui leur étaient données en payement ; qu'il serait, d'un autre côté, assez difficile de comprendre que le général Benaïad eût consenti à avancer aux fournisseurs le montant des teskérés qui leur étaient donnés par le Gouvernement, sans aucun avantage personnel, et, tout au contraire, en perdant, pendant plusieurs années, les intérêts de ses avances ;

Que les faits ainsi établis et les qualités des parties bien déterminées, pour que l'action en répétition de Son Altesse le Bey fût fondée, il faudrait établir pour lui qu'il avait donné mandat au général Benaïad d'escompter les teskérés et de le faire profiter de l'escompte ; que cela n'est nullement justifié et n'a pas même été allégué par Son Altesse.

Qu'il paraît même qu'aucune réclamation n'eût été élevée, si le Gouvernement tunisien avait pensé que le général Benaïad s'était borné à percevoir un escompte de 20 pour 100 qui, eu égard au taux de l'intérêt dans la Régence, n'est pas exagéré ; que les prétentions de Son Altesse ne sont manifestées que parce qu'on a supposé que l'escompte avait été porté à 40 pour 100 ; mais considérant que cette supposition est formellement contestée par le général Benaïad ; qu'elle est en contradiction manifeste avec la stipulation du traité ; que vainement Son Altesse a fait remarquer que rien n'empêchait qu'après avoir stipulé que le taux de l'escompte serait de 20 pour 100, on ne l'élevât à 40 pour 100 ; que si cette augmentation n'est pas absolument impossible, elle est complétement invraisemblable ; qu'il est certain que les deux négociants porteurs des teskérés du Gouvernement, ayant le droit d'en exiger la négociation au taux de 20 pour 100, n'ont pas dû consentir à payer le double; que, dans tous les cas, il faudrait fournir sur un fait aussi improbable une justification complète; que Son Altesse a essayé de la produire; qu'elle a cru la trouver dans la copie d'un compte entre le général Benaïad et Kalfoun; que ce compte renferme des énonciations ainsi conçues :

« Montant du crédit.	49,635 piastres.
« A déduire l'escompte convenu de 40 pour 100.	19,854 »
« Dû, d'après le premier compte et conformément aux registres.	16,921 piastres.
	46,702 piastres;

Mais considérant que le général Benaïad n'hésite pas à déclarer que cette copie n'est pas fidèle; qu'elle n'est que le résultat d'une complaisance coupable de la part de Kalfoun; qu'elle contient des énonciations différentes de celles qui se trouvent dans les comptes réglés entre lui et Kalfoun, et dont chacun d'eux a un double; qu'à l'appui de cette réponse, le général Benaïad produit un compte réglé avec Kalfoun portant la mention qu'il est fait double, à la date du 14 chaban 1268, et revêtu de la signature des deux parties, c'est-à-dire de Kalfoun et du général; qu'on lit dans ce compte :

« Règlement du compte précédent inscrit sur le registre de son compte, en « date du 18 djoumad-el-aoual 1267.	16,921 P.
« Prix des marbres fournis au Boglir, d'après les teskérés et « après la déduction du bénéfice convenu.	39,780
« Total.	56,701 P. »

Qu'il résulte très-clairement de ces chiffres, qui sont reproduits en toutes lettres dans le règlement qui suit le compte, qu'au lieu de prélever un escompte de 40 pour 100, le général n'a reçu que 20 pour 100, conformément à son traité; que l'on voit en effet figurer dans ce compte les mêmes articles que dans la copie donnée par Kalfoun; qu'ils sont seulement placés dans un ordre différent, et que, tandis que dans la copie de Kalfoun on trouve le solde des teskérés réduit à

29,781 piastres, dans le compte régulier présenté par le général, il s'élève à 39,780 piastres; que cette différence de 10,000 piastres fait précisément une différence de 20 pour 100 sur le montant des teskérés.

Qu'aucune explication n'a été fournie par les agents de Son Altesse le Bey; qu'en cet état, il n'y a pas à hésiter entre les énonciations de la copie d'un compte délivrée par Kalfoun seul et les mentions contenues dans l'original revêtu des signatures des parties intéressées;

Que, de son côté, le général Benaïad a présenté pour sa défense: 1° sept comptes de Gaspary; 2° une lettre du même; 3° une lettre relative à des bois achetés d'un nommé Daninos; 4° une lettre du Kasnadar;

Considérant que Son Altesse le Bey a prétendu qu'il résultait de la comparaison de l'état certifié par Gaspary et du compte du général Benaïad avec le Gouvernement, que le général vendait à Son Altesse, au prix de 37 piastres, des fusils qui ne lui en avaient coûté que 30; que cette différence, sur un compte s'élevant à 1,076,370 piastres, constituait pour Benaïad un bénéfice illicite de 203,637 piastres dont la restitution devait être ordonnée;

Que Son Altesse le Bey, en reconnaissant que le prix de 7 piastres le pied cubique, auquel le général Benaïad portait les bois de construction dans ses comptes avec le Gouvernement, était bien, en apparence, celui auquel il les avait achetés de Gaspary, a prétendu que celui-ci, dans l'état par lui certifié à la date du 10 ramadan 1270, constatait que la plus grande partie des bois n'avait coûté au général Benaïad que 2 p. 1/4, 2 p. 3/4, 3 p. 1/2, 4 p. 1/2, 5 p. 1/2 et 6 piastres, au lieu de sept; d'où il fallait conclure que le bénéfice indûment perçu par le général Benaïad, et qu'il devait restituer, s'élevait à 500,987 piastres.

Considérant que Son Altesse le Bey a ajouté qu'une autre déclaration du même Gaspary, et donnée par lui le 15 ramadan 1270, prouvait que le général Benaïad ne le payait point en argent; qu'il lui donnait, pour se libérer, de l'huile au prix de 20 piastres le métal, alors que le métal ne valait réellement à Tunis que douze piastres; que, par ce moyen, le général, qui était remboursé en espèces par le Gouvernement, se procurait un escompte de 40 pour 100 qui ne lui était accordé par le vendeur que parce que le prix des marchandises fournies au Gouvernement était augmenté dans la même proportion; qu'ainsi, soit en raison de la différence réelle des prix, soit en raison de cet escompte indirectement perçu, il y avait lieu d'exiger du général Benaïad la réduction déjà indiquée de 500,987 piastres;

Considérant que Son Altesse le Bey, prévoyant que le général Benaïad pourrait contester la sincérité de l'état dressé et de la déclaration fournie par Gaspary, a soutenu que la probité notoire de celui-ci l'élevait au-dessus de tous les soupçons, quoiqu'il eût été en contestation avec le général Benaïad; que la lettre qu'avait plus tard écrite au général, Gaspary, était entièrement étrangère à l'affaire des comptes; qu'enfin et au surplus, il y avait pour le général un moyen simple et facile de terminer toute discussion; qu'il n'avait pour cela qu'à produire ses registres sur lesquels devaient être consignées toutes les opérations avec Gaspary; qu'on y verrait à quel prix il avait acheté les bois et les fusils et en quelles valeurs il les avait payés;

Considérant que la différence entre les prix d'acquisition des bois de construction et des fusils et les prix de vente au Gouvernement n'est établie que par l'état délivré par Gaspary; que le payement fait en huile, à un prix au-dessous du cours, n'est également attesté que par un certificat du même Gaspary; que, pour ces objets comme pour la fourniture des marbres, il n'est point établi que le général ait agi en qualité de simple mandataire; que, d'un autre côté, la différence des prix qui serait de nature à autoriser le redressement de comptes arrêtés depuis longtemps ne peut être considérée comme suffisamment prouvée par un témoignage isolé, émané d'une personne en état d'hostilité avec le général Benaïad, et ayant eu avec lui des discussions judiciaires; qu'en outre, sur cet état, le général Benaïad signale plusieurs inexactitudes, soit quant à la durée des opérations qui ont eu lieu, soit quant à l'importance des sommes qui y ont été engagées;

Que, sans attacher à ces observations une importance décisive, elles doivent cependant faire naître de l'incertitude sur l'exactitude des faits et des chiffres qui se trouvent consignés dans la pièce produite, que le général Benaïad déclare formellement, dans ses explications, que les bois qui figurent dans les comptes avec le

Gouvernement, au prix de sept piastres le pied cube, sont portés au même prix dans ses comptes avec Gaspary, qu'il articule avec la même précision que si l'on prend les sommes dont il a été débité dans ses comptes avec Gaspary et ensuite les sommes dont il a été crédité dans ses comptes avee Son Altesse le Bey, pour les mêmes objets, on trouve exactement les mêmes chiffres; qu'il a produit, à l'appui de cette assertion, les comptes originaux réglés entre lui et Gaspary, et deux qui ont été arrêtés avec Son Altesse le Bey ; qu'il est, en effet, constant et reconnu par les agents de Son Altesse le Bey, que, dans les comptes entre le général Benaïad et Gaspary, le pied cubique de bois est porté au prix de 7 piastres, comme dans les comptes entre le général et Son Altesse le Bey ; que les agents de Son Altesse se bornent à dire, pour repousser la concordance de ces énonciations, que la déclaration de Gaspary est contraire au contenu des comptes, et qu'un homme d'une probité notoire comme Gaspary n'a pu donner une déclaration contraire à la vérité;

Considérant qu'il est impossible de faire prévaloir un certificat donné à l'occasion de la contestation actuelle sur les pièces antérieurement signées par l'auteur de ce certificat; que c'est, au contraire, aux pièces que la confiance est due, jusqu'à preuve contraire; qu'enfin, après le règlement des comptes entre le général Benaïad et Gaspary, des contestations s'étant élevées entre eux, elles ont été soumises au jugement de Son Altesse le Bey en personne ; que toutes les pièces lui ont été soumises, qu'il a eu sous les yeux tous les comptes entre Gaspary et le général Benaïad, qu'il a pu examiner chacun des articles, et qu'il n'aurait pas manqué d'apercevoir la fraude qui est aujourd'hui alléguée, si elle avait existé, et les différences de prix qui sont maintenant signalées; que ce fait n'est point méconnu par les agents de Son Altesse; qu'ils prétendent seulement que l'examen n'a été que superficiel et qu'il n'a pas dû éclairer Son Altesse sur les faits qui servent aujourd'hui de fondement à sa réclamation ;

Considérant que, sans attribuer à cette circonstance plus d'effet qu'elle n'en a réellement, elle ajoute cependant une nouvelle force aux raisons déjà déduites ;

Considérant que si le général Benaïad a donné en payement à Gaspary un certain nombre de métaux d'huile, cette opération, étrangère à Son Altesse le Bey, ne peut, à quelque prix que ces marchandises aient été comptées, servir de base à une action en redressement de comptes ;

Considérant, au surplus, qu'il n'est nullement établi que les métaux d'huile aient été comptés au-dessus du cours ; que la déclaration de Gaspary n'est point une justification suffisante ;

Qu'enfin la lettre de Gaspary, produite par le général Benaïad, quoique étrangère aux faits qui font l'objet du débat, démontre cependant qu'après avoir fourni contre le général les témoignages ci-dessus indiqués, Gaspary s'adressait à lui et sollicitait sa bienveillance ; que cette conduite ne permet pas d'accorder une sérieuse confiance aux états et aux déclarations dont il a été question ;

Considérant que la demande subsidiaire des agents de Son Altesse tendante à obtenir la communication des registres du général Benaïad, ne pourrait être accueillie que si celui-ci était reconnu mandataire et comptable, et seulement pour déterminer l'étendue de sa responsabilité, mais que, d'après l'appréciation qui a été faite des actes et des circonstances de l'affaire, cette demande subsidiaire doit être écartée comme la demande principale ;

Considérant que Son Altesse le Bey soutient également que, sur les meubles achetés par le général Benaïad et fournis au Gouvernement pendant dix ans, il a fait des bénéfices illicites, en vendant au Gouvernement ces meubles plus cher qu'il ne les avait réellement achetées ;

Considérant que Son Altesse le Bey n'indique point les sommes auxquelles devrait s'élever la restitution qu'il réclame ; qu'il se borne à demander que le général Benaïad soit tenu de produire ses registres ;

Considérant que tous les comptes ont été réglés ; qu'il ne suffit pas d'alléguer que le général avait été constitué mandataire, et qu'il avait abusé de son mandat, pour être autorisé à former une demande en redressement, ou même à réclamer la production des registres ; que d'ailleurs les considérations ci-dessus développées relativement aux fournitures de marbres, de briques, de fusils et de bois de construction doivent recevoir ici leur application,

EST D'AVIS

Que la demande doit être rejetée.

---

§ XVIII. 196,039 piastres, prix des marchandises que le général Benaïad aurait trouvées dans la Gorfa, lorsqu'il en prit possession.

LE COMITÉ,

Considérant que cette réclamation de Son Altesse se divise en deux chefs; que le premier est relatif à des marchandises que le général Bogo, prédécesseur du général Benaïad, lui aurait remises lorsque celui-ci a pris possession de la Gorfa, et le second, à la valeur de 50,000 pièces de coton achetées par le général Benaïad, à lui remboursées par le Gouvernement, et dont il devrait la représentation; que les sommes réclamées s'élèvent, pour le premier article, à 149,164 piastres, et pour le second, à 46,875 piastres;

Considérant que le général Benaïad a d'abord répondu qu'il n'avait aucun souvenir de marchandises qu'il aurait reçues du général Bogo; que rien dans ses écritures n'indiquait qu'en effet il lui en ait été remis; que si on lui en a livré, il a dû donner des récépissés; qu'il demande qu'on les lui représente; que, quant aux 50,000 pièces de coton, elles ont été achetées pour le compte du Gouvernement et qu'elles ont été payées par lui sur un teskéré du Bey ; qu'ainsi, c'est avec raison qu'il a été crédité du prix dans les comptes ;

Considérant que pour établir la remise des marchandises par le général Bogo, les agents de Son Altesse le Bey se sont bornés à produire un état détaillé de certaines marchandises, au bas duquel on lit ce qui suit : « Notre fils, le chevalier « Antoine Bogo, lieutenant-colonel, est autorisé à passer en compte les articles « ci-dessus détaillés existant sous main dans la Gorfa, *et dont il a fait la* « *consignation par l'entremise de Jacob-el-Khariat à notre illustre fils Mahmoud* « *Benaïad, fermier des habillements des soldats ;* » que cette énonciation, à laquelle le général Benaïad a été étranger, ne saurait former un titre contre lui ; que, d'ailleurs, les agents de Son Altesse n'ont point justifié, comme ils l'avaient allégué, que le général était débité sur les registres du palais des divers articles sujet de la réclamation ; qu'il n'est pas probable que si des marchandises avaient été livrées par le général Bogo à son successeur, celui-ci n'en eût pas donné un récépissé ;

Considérant que la seule preuve fournie par les agents de Son Altesse à l'appui de la demande de 46,875 piastres, pour prix de 50,000 pièces de coton, est un article placé dans un compte réglé en djoumad-ewel 1264 ; que cet article est ainsi conçu : « Payé à Soubardi le coût de cinquante mille pièces de coton portées « à son débit comme fonds capital pour la Gorfa, au prix de 12 kharoubas et « 10 nasrias ; » qu'il résulte du libellé de cet article que le général Benaïad a payé à un tiers (Soubardi) les 50,000 pièces de coton s'élevant à 46,875 piastres et qu'il a été crédité de cette somme ; que la version du général Benaïad est en harmonie avec cette énonciation, puisqu'elle déclare avoir payé le prix des 50,000 pièces sur un teskéré de Son Altesse le Bey ;

Mais qu'il est établi que ces marchandises ont concouru à former le fonds de la Gorfa ; que, par conséquent, le général Benaïad en a eu la disposition et que leur valeur lui a nécessairement profité, quoique le prix lui en eût été remboursé ; qu'il doit donc les représenter en nature ou être débité de la somme de 46,875 piastres,

EST D'AVIS

Que la demande de Son Altesse doit être admise jusqu'à concurrence de 46,875 piastres.

---

§ XIX. 390,000 piastres pour le fermage de Gerbi, depuis 1256 jusqu'en 1258, trois ans, à raison de 130,000 piastres par an.

LE COMITÉ,

Considérant que Son Altesse le Bey a soutenu que, pendant les années 1256, 1257, 1258, le général Benaïad a été chargé de toucher les revenus de Gerbi; qu'il en doit compte, et qu'à défaut d'un compte détaillé rendu par lui, il est juste de porter, pour chaque année, la somme de 130,000 piastres, moyennant laquelle il est devenu fermier de Gerbi, en 1259;

Considérant que le général Benaïad a opposé à cette demande 13 teskérés constatant qu'il a payé, à valoir sur les revenus de Gerbi, une somme de 186,781 p. 1/4 qu'il avait d'abord portée, par une erreur d'addition, à 219,331 piastres.

Qu'il a en outre présenté, comme établissant sa libération complète et définitive, un teskéré du Bey en date du 9 kada 1262;

Que cette dernière pièce, qui a déjà été produite dans la discussion relative à différents chefs de demande, est un règlement général constatant la libération de Benaïad de soixante-dix fermages qui s'y trouvent énumérés; qu'il y est dit que *le Général s'est acquitté entièrement, et que tout ce qui pourrait paraître des teskérés ou reçus y relatifs restera sans valeur après cet écrit;*

Que les fermages de Gerbi se trouvent compris dans le détail des articles qui précèdent le règlement; qu'on y voit, en effet, les énonciations suivantes :

Fermages des revenus de Gerbi :

Pour l'an 1256.	15,000 piastres.
d° 1257.	20,000
Pour trois ans finissant en 1261. . . .	600,000

Que les agents de Son Altesse le Bey n'ont opposé aucune observation à la production de cette pièce,

EST D'AVIS

Qu'il y a lieu de rejeter la demande de Son Altesse.

§ XX. 1,375,000 piastres, pour numéraire versé entre les mains du général Benaïad comme à-compte sur le prix de 15,000 caffis de blé et 15,000 caffis d'orge, que le général s'était obligé d'acheter et qu'il n'avait pas réellement achetés.

LE COMITÉ,

Considérant que la livraison des blés n'est pas contestée par les agents de Son Altesse, qui se bornent à soutenir que ces blés n'ont pas été achetés par le général Benaïad ;

Que cet article a été compris dans les fournitures soldées par le teskéré en date du 20 rebi-el-tani 1268, portant délégation de 5,000,000 de piastres sur la ferme des cuirs,

EST D'AVIS

Qu'il n'y a pas lieu d'accueillir la réclamation de Son Altesse.

§ XXI.

LE COMITÉ,

Considérant que les réclamations comprises sous ce paragraphe n'ont pas d'abord été précisées par l'indication de sommes; que Son Altesse le Bey se bornait, dans l'origine, à demander que ses prétentions fussent admises en principe; que, plus tard, les différents chefs ont été indiqués en fixant les chiffres correspondant à chacun d'eux; que c'est dans cet état qu'ils doivent être appréciés;

Considérant 1° que Son Altesse réclame une somme de 50,643 piastres que le Général aurait reçues de la ferme des cuirs par l'intermédiaire de son agent Hamida-Benaïad, aux termes d'un reçu délivré par celui-ci et portant la date de rebi-ewel 1269;

Considérant qu'après avoir cherché à expliquer que cette réclamation n'était fondée que sur une confusion dans les chiffres, le général Benaïad s'est borné, en définitive, à soutenir que la demande devait être rejetée, si le titre émané de Hamida-Benaïad, annoncé depuis longtemps par les agents de Son Altesse le Bey, n'était pas produit; qu'aucune production n'est faite, qu'aucune explication nouvelle n'est donnée,

EST D'AVIS

Qu'il y a lieu de rejeter la demande;

Considérant 2° que Son Altesse demande le redressement des comptes rendus par le général Benaïad des produits des boulangeries des casernes; que, pour démontrer que ces comptes renferment des erreurs, Son Altesse fait remarquer que le Général avait pris à bail la boulangerie du Bardo, moyennant une redevance qui consistait à fournir une quantité déterminée de pain, pour une quantité déterminée de grain; qu'il était en même temps chargé, non comme fermier, mais comme ayant la direction, des boulangeries des casernes; qu'il avait dû certainement, et à ce titre, rendre du pain au moins dans la même proportion que pour la boulangerie du Bardo; car, dans celle-ci, en qualité de fermier, il avait calculé la redevance de manière à avoir un bénéfice personnel, tandis que, dans la gestion des boulangeries des casernes, il devait rendre tout ce qu'elles produisaient;

Que Son Altesse le Bey a ajouté que si le général Benaïad produisait les comptes, on verrait que le résultat serait en sens inverse de ce qu'il aurait dû être, et que la quantité de pain produite avait été moindre dans les boulangeries des casernes que dans la boulangerie du Bardo; qu'il y avait là une preuve manifeste de la nécessité d'un redressement.

Considérant que sur la demande adressée aux agents de Son Altesse d'avoir à produire des pièces ou des explications à l'appui de leurs prétentions, ils se sont bornés à dire qu'ils attendent de Tunis les comptes rendus par Benaïad des boulangeries des casernes, et qu'aussitôt que ces comptes seront en leur pouvoir, ils seront produits.

Considérant que le général Benaïad a répondu d'abord qu'il était inexact de lui attribuer la qualité d'agent chargé de la direction de la boulangerie des casernes, et de lui refuser celle de fermier; que c'était réellement en cette dernière qualité qu'il avait administré ces boulangeries;

Que, d'aileurs, ses comptes avaient été définitivement réglés par un teskéré du 12 sfar 1267, ou plutôt par trois teskérés, deux, du 12 sfar 1267, et le troisième, du 1er reby-el-tany 1267, comprenant les comptes de la boulangerie de la caserne du 1er régiment, de la boulangerie de Dabada et de la boulangerie de la Mahomédie;

Considérant que par un amra portant la date du 27 hedja 1263, Son Altesse le Bey a, en effet, déclaré renouveler au profit du général Benaïad le fermage des boulangeries destinées aux troupes, moyennant une redevance de 150 caffis de froment et en déterminant la proportion entre les livraisons par lui faites et les quantités qui lui seraient allouées ; qu'ainsi il paraît bien justifié par la production de cet amra que le général Benaïad était fermier des boulangeries des casernes comme de celles du Bardo ;

Qu'en outre, les trois teskérés des 12 sfar 1267 et 1er rebi-el-aoual 1267 contiennent le règlement de tous les comptes des boulangeries ;

Qu'aucune raison n'a été présentée au nom de Son Altesse, soit pour contester l'effet de ces règlements, soit pour en écarter l'application,

EST D'AVIS

Qu'il y a lieu de rejeter la demande en redressement des comptes ;

Considérant 3° que Son Altesse le Bey réclame 261,519 piastres pour le solde d'une opération par laquelle 1,500,000 piastres ont été prêtées au général Benaïad ;

Que, pour justifier sa demande, Son Altesse invoque un acte signé par le général Benaïad, et sur l'existence duquel il n'y a point de contestation ;

Que, dans cet acte, le Général reconnaît avoir reçu du Kasnadar 1,500,000 piastres et s'être obligé à les lui rendre en écus français de cinq francs, et à raison de cinq piastres chaque écu ;

Que le même acte ajoute que, le général n'ayant pu les payer en écus, a compté 1,800,000 piastres de Tunis, dont 800,000 en francs, et qu'il reste devoir la différence de la piastre au franc plus haut citée (à l'exception des 800,000 francs), qu'il s'engage à payer conformément à la condition stipulée précédemment ;

Considérant que pour établir la prétention en s'attachant aux termes mêmes de l'acte, Son Altesse a fait remarquer que 800,000 francs, ou, pour être parfaitement exact, 796,900 francs lui ont été payés en piastres, que pour effectuer ce payement, il y a eu trois versements successifs de 478,196 piastres, 239,097 piastres 1/2, et 262,533 p 1/2, formant ensemble 979,827 piastres; qu'en retranchant des 1,500,000 francs la somme sus-énoncée de 796,900 francs, le général Benaïad est resté débiteur de 703,100 francs, qui, à raison de 65 centimes la piastre, font 1,081,692 piastres; qu'en défalquant des 1,800,000 piastres payées par le Général les 979,827 piastres qui ont composé le payement des 796,900 francs, il reste 820,173 piastres qui doivent être appliquées au payement des 1,081,692 piastres. D'où il suit que le général Benaïad reste encore débiteur de la différence entre 1,081,692 piastres et 820,173 piastres, soit 261,519 piastres;

Considérant que le général Benaïad a répondu que lorsqu'il avait payé les 1,800,000 piastres, n'en ayant reçu que 1,500,00, il croyait s'être complétement libéré; qu'un bénéfice de 300,000 piastres pour un prêt de 1,500,000 piastres, qui avait duré à peu près un an, constituait un bénéfice énorme;

Que le Général a ajouté que toutefois, et en supposant qu'il fût encore débiteur d'un solde, ce ne pouvait être que de la différence de la piastre au franc; que cette différence ne devait pas être calculée au taux de 65 centimes la piastre, mais bien au taux de 81 cent. 1/3; qu'il était impossible aux agents du Bey de contester cette base de calcul, puisque c'était celle qu'ils avaient eux-mêmes adoptée en comptant 979,827 piastres comme valant 796,900 francs; que, dès lors, et en prenant cette base, les 820,373 piastres restant sur les 1,800,000 valent 667,075 francs; qu'en conséquence, et pour compléter les 700,000 francs, il n'y a qu'à fournir 32,975 francs; que cette dernière somme, convertie elle-même en piastres, toujours au change de 81 cent. 1/3 la piastre, donne 40,758 piastres; que c'est tout ce qui peut être légitimement réclamé;

Considérant que la convention rappelée dans la quittance ci-dessus reproduite ne peut laisser aucun doute sur la nature et l'étendue des obligations du général Benaïad; qu'il est notamment impossible au général Benaïad de se refuser à payer la différence de la piastre au franc, puisque dans sa quittance même il en prend l'engagement formel; que toute la difficulté se réduit à savoir si la piastre doit être calculée à 65 centimes ou à 81 cent. 1/3;

Qu'il est vrai que, dans les calculs des agents de Son Altesse le Bey, les 979,827 piastres qui ont servi à faire le payement des 796,900 francs ont été évidemment prises au taux de 81 cent. 1/3 la piastre ; mais qu'il n'est point établi qu'au moment où les 820,173 piastres restant exigibles ont été payées, le cours du change fût également à 81 cent. 1/3,

EST D'AVIS

Qu'il y a lieu d'ordonner que le général Benaïad et les agents du Bey fournissent des documents propres à établir les époques des versements des 820,173 piastres, et le cours du change à ces époques ; que, ces documents produits, le général Benaïad devra être crédité, en francs, de la valeur desdites 820,173 piastres, et déclaré débiteur de la somme nécessaire pour compléter les 1,500,000 francs qu'il s'est obligé à payer ;

Considérant 4° que Son Altesse le Bey réclame le blé que le général Benaïad aurait reçu des tribus pour le compte du Gouvernement ;

Qu'aucune explication n'a été donnée ; qu'aucune production n'a été faite à l'appui de cette demande ;

Que le général Benaïad répond qu'il n'a jamais reçu de blé des tribus pour le compte du Gouvernement ; que le blé que les tribus lui ont livré a été acheté et payé par lui ; que cela est établi par ses comptes,

EST D'AVIS

Qu'il y a lieu de rejeter cette demande ;

Considérant 5° que Son Altesse le Bey réclame les mulets qui auraient été fournis au général Benaïad pour le service des moulins dépendant des boulangeries des casernes ;

Que, pour justifier le fait de la remise des mulets, Son Altesse le Bey excipe des énonciations mêmes des comptes de l'Alpha, dans lesquels le général Benaïad porte au débit du Gouvernement les rations des mulets; qu'il n'a fait, au surplus, aucune nouvelle production;

Que le général Benaïad oppose à cette réclamation les règlements de compte des boulangeries des casernes dont il a été question dans le présent paragraphe, et, en outre, un reçu signé par le ministre de la marine et portant la date du 15 djoumad-el-aoual 1269;

Considérant que les règlements de compte des boulangeries des casernes ne peuvent être pris en considération; qu'ils n'ont aucun rapport avec les objets dont la restitution devait être faite en nature;

Que le récépissé du ministre de la marine est ainsi conçu :

« Nous avons reçu de l'illustre agent de la Koucha de la Goulette les vingt-« quatre objets ci-dessus mentionnés, tels que mulets, etc., formant la totalité « de ce qui se trouve dans la Koucha; »

Que si ce récépissé, par sa teneur, semble ne pas s'appliquer aux mulets employés au service des moulins des boulangeries des casernes, il est cependant certain que les agents de Son Altesse le Bey, sur la production de cette pièce, n'en ont pas contesté l'application aux mulets réclamés; qu'ils se sont bornés à répéter ce qu'ils avaient déjà dit; que la remise entre les mains du Général de ces mulets était prouvée par les énonciations des comptes relatifs à leur nourriture,

EST D'AVIS

Qu'il y a lieu de rejeter ce chef de demande;

Considérant 6° que Son Altesse le Bey réclame la restitution de 840 bœufs qui, dans l'espace de dix ans, auraient été livrés au général Benaïad;

Que sur l'invitation adressée aux parties de donner de nouvelles explications, les agents de Son Altesse le Bey ont reproduit celles qu'ils avaient précédemment données; qu'ils ont seulement ajouté que la lettre adressée par Son Excellence le Kasnadar au général, en date du 31 sfar, et produite par celui-ci, prouve qu'à cette époque les bœufs n'avaient pas été restitués; qu'on lit en effet dans cette lettre :

« J'ai porté à la connaissance de Son Altesse que vous renoncez au fermage « de Tabarque et au service des bois de construction. Son Altesse a accepté votre « désistement. Écrivez de votre côté à vos agents de consigner au Gouvernement « les ustensiles, les bœufs et toute autre chose qui appartient à ce fermage; »

Que le général Benaïad répond que le transport des bois de Tabarque se fait au moyen de corvées et avec des bœufs qui ne sont point livrés au Bey ou au fermier de Tabarque, qui restent la propriété de ceux qui les fournissent, et que ceux-ci les reprennent quand leur service est fini;

Considérant, d'ailleurs, que lorsque le bail a cessé par le désistement du général Benaïad, les agents de Son Altesse le Bey ont pris possession de Tabarque avec les objets qui s'y trouvaient, sans protestation ni réserves; que la lettre du Kasnadar faisait allusion à cette opération qui n'était pas alors exécutée, mais qui a dû l'être lorsque le général Benaïad a abandonné l'exploitation de la forêt de Tabarque; qu'en conséquence, la demande n'est pas justifiée,

EST D'AVIS

Qu'elle doit être rejetée;

Considérant 7° que Son Altesse le Bey demande la restitution des machines et ustensiles de la fabrique des draps de Toubourba et le remplacement de ceux qui ne seraient pas représentés, et, enfin, le remboursement des réparations qui ont été nécessaires;

Que cette demande était trop vague pour pouvoir être accueillie; que les agents de Son Altesse le Bey ont été invités à produire les documents propres à établir qu'il y a des objets manquants; que, pour ceux qui sont existants, il y avait des réparations à faire, que ces réparations ont été faites, et ce qu'elles ont coûté;

Que les agents se sont bornés à représenter, comme ils l'avaient fait précédemment, les amras constitutifs du fermage concédé au général Benaïad, que celui-ci a produits de son côté;

Que l'on trouve dans ces actes l'obligation pour le général de rendre tous les objets compris dans un inventaire dressé à la même époque, et de les rendre en bon état de réparation; mais qu'ils ne peuvent fournir aucuns renseignements sur le nombre des machines et ustensiles existants à l'expiration du bail, et sur l'état dans lequel ils se trouvaient alors;

Que le général fait remarquer avec raison que le Gouvernement de Son Altesse s'étant emparé, avant le terme fixé par la convention pour la durée du bail, de la fabrique, des machines et ustensiles, c'est à Son Altesse à prouver, soit que certains objets manqueraient, soit que d'autres n'étaient pas en bon état et exigeaient des réparations; que ces réparations ont coûté une somme déterminée;

Considérant qu'ainsi qu'il a été déjà dit, aucune preuve de ce genre n'a été présentée,

EST D'AVIS

Que la demande doit être rejetée.

DEUXIÈME PARTIE.

RÉCLAMATIONS

du Général **Benaïad**

contre Son Altesse le **Bey de Tunis.**

Cette partie se divise en deux sections:

1re SECTION, **Valeurs que le Général prétend avoir négociées à des maisons françaises.**

2e SECTION, **Réclamations personnelles du Général.**

PREMIÈRE SECTION.

Valeurs que le Général prétend avoir négociées à des maisons françaises.

PREMIÈRE SECTION.

Valeurs que le Général prétend avoir négociées à des maisons françaises.

Ces valeurs comprennent :

1° Les teskérés d'exportation d'huile que le général Benaïad dit avoir négociés et dont il demande le payement successif, conformément aux conditions dans lesquelles ils ont été émis ;

Son Altesse le Bey ayant demandé, de son côté, la restitution de ces valeurs, il a été statué sur cette affaire à la section 4e des réclamations du Bey ;

2° Une délégation de 5,000,000 de piastres sur la ferme des cuirs, sur laquelle il reste à statuer.

DÉLÉGATION sur la ferme des cuirs, négociée à MM. PÉRIER *frères, suivant allégation du général* BENAÏAD.

LE COMITÉ,

En ce qui touche à la délégation de 5,000,000 de piastres, sur la ferme des cuirs, en date du 20 rabi-el-tani 1268 ;

Considérant que cette délégation a été faite pour solde de comptes approuvés par Son Altesse le Bey (et dans lesquels est comprise notamment une fourniture de blé et d'orge s'élevant à 1,375,000 piastres qui n'avait pas été payée par les teskérés de sortie d'huile), comptes dont le montant s'élevait à 4,845,718 piastres ; que, pour compléter le chiffre de 5,000,000 de piastres, le général Benaïad a souscrit à Son Altesse une obligation de 154,282 piastres, formant avec la somme due (celle de 4,845,718 piastres) un total de 5,000,000 de piastres ;

Que cette délégation portant que la somme sera payée au porteur, a été transmise par le général Benaïad aux sieurs Périer ;

Que la circulaire sus-énoncée du 9 mai 1853, par laquelle Son Altesse a déclaré qu'elle ne reconnaîtrait pour valable aucune aliénation de billets de banque ou de teskérés d'exportation d'huile faite postérieurement à cette époque, ne s'applique pas à la délégation sur la ferme des cuirs ;

Considérant, toutefois, qu'il n'est pas contesté qu'un payement à-compte de

130,000 piastres a été fait par Son Altesse sur ces 5,000,000 de piastres, et que cette somme doit être déduite,

EST D'AVIS

Qu'il y a lieu de porter 4,870,000 piastres restant dues sur ce teskéré comme devant être payées par le Gouvernement tunisien, sauf à inscrire au crédit de Son Altesse, dans le compte général qui sera dressé :

1° L'obligation de 154,282 piastres souscrite par Benaïad pour solde;

2° Le montant des teskérés émis par le général Benaïad en payement des fournitures susdites, et que le Gouvernement de Son Altesse justifierait avoir payées à défaut de payement par celui-ci.

DEUXIÈME SECTION.

Créances et Réclamations personnelles du général Benaïad.

DEUXIÈME SECTION.

Créances et Réclamations personnelles du général Benaïad Contre le Gouvernement Tunisien.

---

§ Ier. — 1°. 3,118,325 piastres 12 c. Délégation du Bey, en date du 2 keda 1262 sur le Ministre de la justice.

LE COMITÉ,

Vu la réclamation du général Benaïad tendante à obtenir le payement d'une délégation qui lui a été accordée par un amra du Bey de Tunis, adressé au Sabtab, ou ministre de la justice, en date du 2 keda 1262 (20 octobre 1847), pour une somme de 3,118,325 p. 12;

Vu les deux traductions d'un même passage de cette pièce produites, l'une, par les commissaires tunisiens, l'autre, par le général Benaïad, avec l'approbation de M. Desgranges, secrétaire-interprète de Sa Majesté pour la langue arabe, la première portant que :

« La présente somme est à valoir sur les comptes qu'il a avec le Gouvernement; » la seconde traduction disant : « Cette somme a été portée au débit « de notre fils Mahmoud Benaïad, à valoir sur ce qui lui est dû dans son compte » avec le Gouvernement. »

D'où le général Benaïad conclut que cette délégation n'est pas un gage de remboursement pour les dépenses futures, mais le solde définitif de créances antérieures à la délégation ;

Vu les explications données par le général Benaïad au Comité qui lui demandait le compte détaillé de ces créances, dont la délégation formerait le payement, compte que le général dit ne point posséder à Paris, parce que, suivant lui, l'original serait sur les registres du Bey, et la copie appartenant au général Benaïad se trouverait dans les papiers que le Gouvernement tunisien lui a séquestrés ;

A défaut du compte, les allégations produites par le général Benaïad, tendantes à prouver que cette délégation avait pour objet de solder les créances suivantes :

1° Créance pour la dîme en blé et en orge d'Ouatan, de 1252 à 1262 inclusivement, entrée dans le compte de la Rabta ;

2° Créance résultant de l'impôt ou droit du quart d'Ouatan, de 1259 à 1262 inclusivement ;

3° Créance provenant du revenu du tabac, du cuir et du sel pour Ouatan, Gerbi et Métallit, revenus qui étaient dans le fermage et, par suite, la propriété du général Benaïad, et qui néanmoins auraient été portés à l'avoir du Bey, sans être remboursés au Général par aucun autre crédit que celui de la délégation ;

4° Enfin, créance d'une quantité considérable de diamants fournis au Bey par le général Benaïad ;

D'autre part, vu les réponses des commissaires tunisiens, alléguant :

1° Que la partie de la dîme d'Ouatan en blé et en orge que le général Benaïad a fait rentrer dans les magasins du Bey appartenaient à Son Altesse ; que son compte se trouve au compte de la Rabta, et que sa rentrée ne pouvait fournir matière à créance pour le général Benaïad ;

2° Que le droit du quart était affermé au général Benaïad pour 140,000 piastres (voir page 22 de la note explicative); que c'est lui qui en a perçu le produit, et que cependant ce produit ne pouvait, par conséquent, devenir pour lui un titre de créance, ni donner lieu à la délégation ;

Que les droits sur le tabac, les cuirs, le sel, n'étaient pas localisés à Gerby, Ouatan, Métallit, mais étaient centralisés dans la ferme générale de ces revenus pour toute la Régence, ferme générale dont Benaïad était le fermier, dont il percevait les produits, et qui, par conséquent, ne pouvaient lui fournir une créance particulière pour les lieux sus-indiqués ;

Qu'enfin, à l'égard des fournitures de diamants, on trouvait dans le compte du général et du Gouvernement, en date de djemed-el-ewel 1264 (avril 1846), au crédit du général Benaïad, plusieurs fournitures de diamants faites par lui en rebi-el-tani, djemed-el-tani et chaoual 1262, c'est-à-dire en mars, avril et mai 1847, par conséquent quatre, cinq et six mois avant la délégation qui est de keda 1262, c'est-à-dire d'octobre 1847, et qui cependant sont réglées par le compte général de djemed-el-ewel 1264, preuve qu'elles ne l'avaient pas été antérieurement par la délégation donnée dix-huit mois avant ce compte général ;

Qu'ainsi la délégation n'a pu être remise au général Benaïad pour solde des articles qu'il a cités savoir :

1° Des revenus de blé et d'orge sur lesquels il n'avait aucun droit ;

2° Des revenus du quart qu'il avait touchés et réglés ;

3° Des revenus de tabac, cuir et sel qui n'étaient point localisés aux lieux qu'il indique ;

4° Des diamants portés sur un autre compte ;

Attendu que dans le compte général précité, arrêté entre le Bey et le général Benaïad en djemed-el-ewel (avril 1848), on trouve qu'il a été payé au général Benaïad, sur huit des dix-sept articles des revenus compris dans la délégation, une somme de 1,624,770 p. 12, et comme compensation et remboursement d'une partie de ses fournitures portées audit compte général ;

Attendu qu'il est vrai que le général Benaïad prétend maintenant que ce payement à lui fait de 1,624,770 piastres forme un double emploi avec la destination donnée à cette partie de la délégation de solder le prétendu compte de keda 1262, mais qu'à l'ouverture du procès, il écrivait dans son premier mémoire, au sujet de la délégation, le passage suivant :

« Cette délégation, qui est à Paris entre les mains du Général, a reçu un com-« mencement *d'exécution*. Divers mais faibles à-compte ont été payés par le « Sabtab. Le compte, d'ailleurs, sera facile à faire, le Général ayant donné au Sabtab « un reçu pour toutes les sommes qu'il a reçues ; »

D'où il résulte qu'à cette époque le général Benaïad réclamait non la totalité, mais le solde de la délégation et reconnaissait, par là même, que les 1 million 624,770 piastres qui sont prises sur la délégation, avaient reçu non un double emploi, mais la destination légitime de payer une partie des fournitures faites depuis la délégation et portée audit compte de 1264 ;

Attendu que si le général Benaïad prétend avoir prouvé que le crédit à lui accordé dans le compte de 1264 pour cette somme de 1,624,770 piastres, est un double emploi ordonné par le Bey, les pages 40 et 41 de son état des questions auxquelles il renvoie comme fournissant cette preuve ne contiennent que l'allégation qu'il est fait un double emploi de la somme en question, sans en donner aucune démonstration ;

Considérant, en outre, qu'il est contraire à toute vraisemblance que le général Benaïad eût accepté, dans le temps, sans réserves ni protestation, et reconnu pour valide ce compte, ainsi que cela ressort de l'ensemble de ses productions, si ce compte eût contenu un double emploi, aussi préjudiciable qu'il le dit, à ses intérêts, et qu'il résulte, au contraire, de ses propres écrits, qu'il considérait le payement des 1,624,770 piastres dans le compte de 1264 comme une satisfaction régulièrement donnée à ses créances ;

Considérant que, dès lors, il a reçu la délégation, non comme le solde de fournitures antérieures à sa date, mais comme un gage donné aux avances, traites et fournitures qui pouvaient lui être demandées, gage qu'on n'a pas retiré de ses mains, parce que les valeurs n'en étaient pas épuisées, et qu'il n'avait pas été débité du montant total de la délégation,

EST D'AVIS

Que le général Benaïad n'est pas recevable à demander au Gouvernement de Tunis les 3,118,325 p. 1/2 montant de la délégation en question.

2° Créance de 671,208 piastres pour solde de compte daté de Zilcade 1264.

LE COMITÉ,

Vu la réclamation du général Benaïad pour une somme de 671,208 piastres, montant d'un teskéré à lui remis par le Bey, comme solde de son cinquième compte général, le 24 keda 1264 ;

Vu la réponse faite par les agents du Bey à cette réclamation, indiquant que cette somme a été portée au crédit du général Benaïad dans le sixième compte général clôturé le 30 rebi-el-tani 1266;

Vu la réplique du général Benaïad qui conteste la validité du sixième compte, se fondant sur ce que ce compte est dépourvu de la signature du Bey dans la copie arabe et dans la traduction française, et insistant particulièrement sur la demeure en ses mains du teskéré de solde des 671,208 piastres, tandis que, suivant lui, ce teskéré aurait dû être déchiré lors de l'inscription de son montant au profit de Benaïad dans le sixième compte ;

Vu les observations du général Khérédine, au sujet de cette réplique et la distinction qu'il établit entre les teskérés de dépenses et fournitures, lesquels sont déchirés, et ceux de solde qui ne le sont pas.

D'ailleurs, attendu que le général Benaïad, qui nie la sincérité du sixième compte, mis en demeure de le produire tel qu'il aurait été réglé suivant lui, ne l'a point montré ;

Attendu que le crédit de 4,845,718 piastres inscrit en faveur du général Benaïad dans le deuxième et dernier compte du 25 redjel 1267 (27 mai 1851) n'est que le résultat des sixième, septième et huitième comptes tels que les agents tunisiens les ont présentés ;

Attendu que le général Benaïad ajoute volontairement une obligation de 183,893 p. 8/10 à ce neuvième compte, pour porter au chiffre rond de 5 millions le solde de la délégation que ce compte lui concédait sur la ferme des cuirs ;

Le Comité, considérant cette obligation volontairement ajoutée par le général Benaïad comme une rectification complète de sa part du neuvième compte qui ne donnerait pas les résultats qu'il présente, si, dans le sixième compte, la somme de 671,208 piastres n'avait pas été portée au crédit de Benaïad,

EST D'AVIS

Que, malgré sa possession du teskéré de 671,208 piastres, il n'est pas recevable à en réclamer le montant qui lui a déjà été alloué par un compte précédent.

3° Réclamation pour solde d'une délégation de 1 million par an sur la ferme des tabacs, pendant les années 1267, 1268 et 1269.

LE COMITÉ,

Vu les réclamations du général Benaïad concernant les délégations qui lui ont été données par le Gouvernement tunisien sur la ferme des tabacs pour un million de piastres par an, en payement d'habillements fournis par ledit Général aux troupes du Gouvernement pendant les années 1267, 1268 et 1269;

Vu les reçus exhibés par le général Khérédine, et justifiant le payement par la ferme des tabacs au général Benaïad ou à ses agents, de 1,996,862 piastres, pour les fournitures opérées en 1267 et 1268, et vu les motifs allégués par les agents tunisiens pour justifier leur cessation de tout rapport d'affaires avec le général Benaïad, à partir du milieu environ de l'année 1269;

D'autre part, vu la délégation concédée au général Benaïad par le Kasnadar, en date du 24 rabi-el-aoual 1269 (5 janvier 1853), et ainsi conçue :

« Illustre général Sidi-Ahmed-Zarrouk, chargé de la douane,

« Payez 1,000,000 de piastres sur les revenus de la douane à l'illustre « général Sidi-Mahmoud Benaïad pour les dépenses de l'habillement des troupes « faites par lui pendant l'année 1269.

« *Signé :* MOUSTAPHA KASNADAR. »

En ce qui concerne les années 1267 et 1268,

EST D'AVIS

Qu'il y a lieu de reconnaître qu'il est dû au général Benaïad une somme de 3,151 piastres pour solde de deux millions qu'il devait recevoir.

En ce qui touche l'année 1269 :

Considérant que le Gouvernement tunisien pouvait être en droit de rompre tout rapport d'affaires avec le général Benaïad, du moment où son éloignement de la Régence, sans esprit de retour, était constaté ; mais que, jusqu'à ce que cette rupture eût été notifiée à Benaïad, celui-ci, qui avait reçu une délégation d'un million, pour fournir aux troupes des habillements, était en devoir et en droit de continuer ses fournitures.

Considérant qu'en fait, la volonté du Gouvernement de Tunis de rompre avec Benaïad n'a été manifestée à celui-ci qu'en chaban 1269 (mai 1853), époque à laquelle les agents de Benaïad avaient déjà, suivant lui, fait diverses fournitures,

EST D'AVIS

Que le Gouvernement de Tunis est débiteur, sur le million de la délégation remise à Benaïad, du prix des fournitures que ses agents auraient effectuées, et dont il justifierait régulièrement par des reçus la livraison.

§ II. — 1° 2,254,964 piastres pour fournitures diverses jusqu'au jour du départ du général Benaïad.

LE COMITÉ,

Considérant que le fait des fournitures n'est pas méconnu, mais qu'il y a contestation sur leur importance ;

Que le général Benaïad n'a pas d'abord produit les pièces justificatives desdites fournitures ; qu'il a seulement soutenu qu'il avait remis son compte, lequel avait été transcrit sur les registres du palais par les notaires de Son Altesse ; que cela résulte d'une lettre du Kasnadar en date du 21 sfar 1269 (décembre 1252) ;

Que les agents de Son Altesse ont reconnu qu'avant de quitter Tunis le général Benaïad avait remis à un des notaires de Son Altesse, Si Boukris, un compte de fournitures, afin qu'il le fît signer par Son Altesse ; que ce compte a été transcrit sur les registres du Gouvernement, mais qu'ils ont articulé que le Bey étant tombé malade, le général Benaïad demanda à S. Exc. le Kasnadar de lui remettre le compte signé, ou de lui rendre ses pièces; que ses pièces, sur sa demande, lui ont été rendues, ainsi qu'il l'a reconnu ; qu'en conséquence, ils soutiennent que le général Benaïad doit de nouveau produire ses pièces pour justifier sa réclamation ; que cette production prouvera que les fournitures ne se sont point élevées à 2,254,964 piastres ; qu'elles ne montent pas même à 1,671,804 piastres qui formaient le solde du compte transcrit sur les registres du palais ;

Qu'on ne peut conclure, avec le général Benaïad, que le montant des fournitures a été reconnu pour une somme de 1,671,804 piastres, par cela seul que le compte présentant ce solde a été transcrit sur les registres du palais ;

Qu'il n'est point justifié que cette transcription ait été une approbation implicite du compte ; que, loin de là, il résulte des lettres du Kasnadar, du 24 rebi-el-tani 1269 et du 23 sfar de la même année, qu'en faisant transcrire le compte, on se réservait, au nom de Son Altesse le Bey, le droit de le vérifier.

Que le seul moyen pour le général Benaïad d'établir ce qui lui est dû par le Gouvernement tunisien était de fournir à l'appui de sa réclamation des pièces justificatives ; que ces pièces ont, il est vrai, été remises aux agents de Son Altesse, mais qu'elles ont été rendues au général Benaïad ; que celui-ci, en expliquant ces transcriptions successives, semble insinuer que toutes celles qu'il avait d'abord produites ne lui ont pas été fidèlement rendues, mais que cela n'est pas prouvé ; que cela n'est même pas formellement articulé ;

Que le général Benaïad a, en dernier lieu, fait une production de pièces qui lui auraient été envoyées de Tunis par son agent, M. Mercier, lequel les aurait retirées sans les vérifier ;

Qu'à l'ouverture de ces paquets, en présence du général Khérédine, on a trouvé des mandats de Son Altesse le Bey pour une somme de 827,003 piastres ; en outre, un teskéré de Son Altesse pour fournitures, de 1231 piastres ; enfin, sept reçus du Kasnadar constatant des remises de bijoux à lui faites par le général Benaïad, mais dont la valeur n'est pas énoncée ; qu'en outre, d'après le général Benaïad, différents objets fournis par lui sans que des titres lui aient été livrés, complètent la somme de 2,254,964 p. 1/2 ; que, notamment, il a acheté, pour le compte du Bey, des diamants qui, revendus à Paris par le général Khérédine, ont donné lieu à un procès devant le Tribunal de la Seine et devant la Cour impériale ; que ces diamants formaient deux colliers et deux bagues ; qu'un seul des colliers était porté dans le compte transcrit sur les registres du palais, et que le prix des bagues n'y figurait point ; que la valeur du collier omis s'élevait à 319,048 piastres.

Considérant que les teskérés émanés de Son Altesse le Bey sont des titres qui justifient complétement les fournitures faites par le général Benaïad ; que les prix n'ayant été l'objet d'aucune observation antérieurement, et aujourd'hui même n'étant pas sérieusement repoussés par les agents de Son Altesse le Bey, doivent être admis ;

Qu'aucune réponse n'ayant été faite, au nom de Son Altesse, sur la réclamation du prix des diamants, et notamment du collier évalué à 319,048 piastres, il y a lieu également d'allouer cette somme ;

Que, pour le surplus, les réclamations du général Benaïad ne sont pas accompagnées de justifications suffisantes, et qu'il doit s'imputer de n'avoir réuni les documents nécessaires à l'appui de son compte,

EST D'AVIS

Qu'il ne peut lui être accordé, pour ses fournitures, que 1,147,382 piastres.

2° 1,243,944 piastres pour remboursement de l'approvisionnement et du fonds de roulement de la ferme des tabacs.

LE COMITÉ,

Vu la réclamation du général Benaïad pour une somme de 1,243,944 piastres qui aurait pour origine des avances faites par lui, comme fermier du tabac, aux cultivateurs de ce produit, et des fournitures de tabac dont il avait cédé les créances à Sidi-Zarrouck avec la ferme du tabac, créances que celui-ci aurait perçues et dont il n'aurait pas voulu tenir compte au Général ;

Vu les allégations des agents tunisiens, qui, sans contester les faits, auraient décliné la resposabilité de ce compte, ajoutant que toutes les avances de Benaïad n'étaient pas fondées, et qu'il avait déjà été payé sur ce compte 170,000 piastres au général Benaïad ;

Vu la dénégation du général Benaïad, qui prétend n'avoir rien reçu ;

Attendu qu'il est reconnu par les deux parties que le Kasnadar ordonna l'établissement d'un compte entre Benaïad et Sidi-Zarrouk, et que le résultat de ce compte fut un ordre adressé par le Kasnadar à Sidi-Ahmed-Zarrouk, conçu en ces termes :

« Illustre et très-cher général Sidi-Ahmed-Zarrouk, chargé de la douane du tabac,
« payez 962,862 p. 1/2, montant des reliquats des comptes dus à Sidi-Mahmoud
« Benaïad sur la mise de fonds des tabacs et sur l'argent que vous avez recouvré
« pour lui par l'intermédiaire de Hamida Benaïad. — Signé : Ahmed-Pacha bey;
« 24 rebi-el-aoual 1267 (28 janvier 1851);

Considérant que cette délégation est le résultat d'un compte qui a réglé et réduit les prétentions de Benaïad, mais que le Kasnadar, qui en a ordonné le règlement, se charge de le faire exécuter ;

Considérant, en outre, que les agents de Son Altesse, en alléguant que déjà 170,000 piastres ont été payées à compte, en assument la responsabilité, en sorte que si Benaïad ne peut prétendre à une somme plus forte, il est en droit de réclamer le payement du montant de la délégation, sauf réduction des 170,000 piastres dont les reçus ont été annoncés, mais ne sont pas encore arrivés,

EST DAVIS

Que, sous le bénéfice éventuel de cette déduction, le général Benaïad doit recevoir, à ce titre, du Gouvernement tunisien la somme de 962,827 piastres.

3° 1,000,000 de piastres pour espèces perçues par le Kasnadar sur le fermage dit du Métallit et l'hôtel des Monnaies, pour le comte du général Benaïad, et entrées dans le trésor du Bey.

LE COMITÉ,

Considérant, en ce qui touche l'hôtel des Monnaies, que les agents de Son Altesse le Bey reconnaissent que, le 22 ramadam 1263, il a été passé un contrat qui autorisait le général Benaïad à fabriquer de la monnaie d'argent, et que l'exécution de ce contrat doit donner lieu à un règlement de compte;

Qu'ils soutiennent que les éléments de ce compte consistent nécessairement dans les reçus que les deux parties, le général Benaïad d'une part, et le directeur des Monnaies de l'autre, se sont respectivement donnés; les uns constatant les sommes remises au général Benaïad par le directeur de l'hôtel des Monnaies, et les autres désignant les quantités, poids et valeurs de chaque versement fait à l'hôtel par le général Benaïad;

Que c'est par la réunion de ces reçus que le compte devra être établi et assuré;

Qu'enfin, les agents de Son Altesse le Bey déclarent qu'ils produisent les reçus délivrés au directeur de la Monnaie par le général Benaïad; que, de son côté, le général Benaïad doit produire les reçus que le directeur de la Monnaie lui a donnés;

Considérant que le général Benaïad, de son côté, offre, dit-il, toutes les pièces originales, en y joignant le relevé des recettes et des dépenses réciproques dressé et signé par le caïd Nessim, caissier à la fois de la Banque et de l'hôtel de la Monnaie d'argent; que, selon lui, ce compte se solde à son crédit par 221,177 p. 1/2; mais que dans ce solde ne figurent pas les sommes prises à la Monnaie par le Kasnadar depuis que le compte a été arrêté;

Considérant que toutes les pièces dont la production est annoncée n'ont point été fournies; que celles qui ont été effectivement remises ne sont pas suffisantes pour parvenir au règlement du compte,

EST D'AVIS

Qu'un compte nouveau détaillé et accompagné de pièces justificatives devra être fourni par le général Benaïad pour parvenir au règlement qu'il fera avec Son Altesse.

LE COMITE,

Considérant, en ce qui touche les fermages de Métallit, que, d'après les conventions arrêtées entre le général Benaïad et Son Altesse le Bey, les Métallit ont été l'objet d'un bail embrassant les années 1259 et suivantes, jusques et y compris 1267;

Que les agents de Son Altesse le Bey soutiennent que le compte relatif à ces fermages, soit qu'ils aient été perçus par le général Benaïad, soit qu'ils l'aient été pour le compte de ce dernier par les agents du Bey, ont été l'objet de divers règlements successifs en chaoual 1262, pour les années 1259, 1260 et 1261; en sfar 1267, pour les années 1262, 1263 et 1264; en sfar 1268, pour les années 1265, 1266 et 1267 ; qu'après ces divers règlements de compte, le général Benaïad resta créditeur d'une somme qui, ajoutée à d'autres, forme le troisième article de ceux dont se compose la délégation de cinq millions délivrée au général Benaïad sur la ferme des cuirs; que, même, il y a cette circonstance remarquable que Son Altesse le Bey, pour compléter ce qui était dû au général Benaïad, à raison des revenus des Métallit, lui délivra un teskéré de 183,933 p. 1/2; que si, au moment où la délégation a été faite (le 20 rebi-el-tani 1268), le général Benaïad avait été créancier d'autres sommes pour les fermages des Métallit, il n'eût pas manqué de les réclamer; que le dernier règlement fait entre lui et Son Altesse le Bey, relativement aux fermages de Métallit, a eu lieu en sfar 1268, c'est-à-dire à une époque très-rapprochée de celle où il a reçu la délégation de 5,000,000 de piastres, et aussi de celle où il a quitté la Régence de Tunis pour n'y plus revenir ;

Que le rapprochement de ces dates ne permet pas de douter que si le général Benaïad eût été créancier de plus fortes sommes au moment de la délégation, il les aurait comprises dans son compte;

Que Son Altesse le Bey, ajoutent ses agents, n'a cru devoir rien réclamer pour les fermages de Métallit, année 1268, parce qu'ils ont été perçus par ses agents; mais que si le général Benaïad désire qu'on lui applique pour cette année la comptabilité qui a été suivie pour les années précédentes, Son Altesse ne s'y oppose point; qu'enfin il est incontestable que, pour les années 1269 et 1270, postérieures à la rupture, il n'y a point de compte à faire.

Considérant qu'il est certain que le compte de revenus de Métallit a été réglé pour les années 1265, 1266 et 1267, au mois de sfar 1268; qu'il résulte du libellé même de l'arrêté de compte que le montant total de ces revenus y a été compris; que, d'un autre côté, il est constant que le solde fait partie de la délégation de cinq millions sur la ferme des cuirs ; qu'ainsi, aucune réclamation ne peut être présentée à ce sujet ;

Que le général Benaïad fait en vain remarquer qu'une somme de 90,500 piastres est portée dans la délégation avec cette énonciation : à valoir *sur ce qui est dû* pour les revenus de Métallit ; que cette énonciation ne suffit pas pour établir, contrairement à l'arrêté de compte, que des sommes plus considérables étaient dues au général Benaïad ;

Qu'enfin, si une lettre du Kasnadar du 12 keda 1267, par laquelle il dit au général Benaïad : « Quant à l'argent de l'Ouatan et des Métallit, je recommande « au chevalier Chéloum de vous payer sans retard », est postérieure au 1er djoumad-el-aouad 1267, époque à laquelle s'arrête le compte de l'année 1267, elle est de beaucoup antérieure au règlement qui n'a eu lieu qu'en sfar 1268 ; qu'elle est également antérieure à la délégation de rebi-el-tani 1268, qui a opéré le payement du solde du compte,

EST D'AVIS

Que le général Benaïad n'est pas fondé à demander qu'un nouveau compte soit dressé pour les années 1265, 1266 et 1267 ;

Que, quant à l'année 1268, Son Altesse le Bey offrant de faire le compte comme pour les années précédentes, il y a lieu de donner acte soit au Bey, soit au général Benaïad, de cette proposition.

4° 3,000,000 de piastres (au minimum, le compte étant à faire) pour fournitures faites au Gouvernement tunisien par les agents du général Benaïad, depuis son départ de Tunis, et conformément à ses contrats.

LE COMITÉ,

Considérant que les agents de Son Altesse le Bey ont répondu que cette réclamation était exagérée ; que, d'ailleurs, lorsque le Général produirait les bons ou teskérés de Son Altesse, qui avaient été délivrés à ses agents au moment des fournitures, on pourrait procéder au règlement du compte;

Considérant que le général Benaïad a fait une production de titres dont le montant, selon lui, s'élève presque à 6,000,000 de piastres (d'abord à 5,715,069 piastres, et ensuite, vérification faite, à 5,835,069 piastres) ; que ces titres, de différente nature, soumis à l'examen des agents de Son Altesse le Bey, ont donné lieu, de leur part, à des observations et à des critiques qu'il s'agit d'apprécier ;

Que, d'abord, les agents de Son Altesse ont dit que ces titres avaient été, en partie, délivrés au général Benaïad pour les fournitures réglées antérieurement et dont le montant ne saurait être réclamé de nouveau ;

Qu'en outre, ils ont fait remarquer que tous ces titres devaient être divisés en cinq catégories ; que la première comprenait les teskérés signés par Son Altesse le Bey, qui peuvent suffire comme preuves des fournitures, mais qui n'en déterminent pas le prix; que ce prix ne peut être fixé que d'après le tarif arrêté entre le Gouvernement et le général Benaïad; que c'était à celui-ci à produire ce tarif; qu'on ne pouvait ajouter aucune confiance à la déclaration du général Benaïad; que le double de ce tarif, qui lui avait été délivré, avait été remis par ses agents au Kasnadar, entre les mains duquel il était retenu;

Que, d'ailleurs, une partie de ces teskérés n'avaient été donnés au général Benaïad qu'en échange de bons de lui, au nombre de **204**, lesquels n'ont point été acquittés, du moins en totalité;

Que la seconde catégorie comprend des teskérés signés par différentes personnes, et sur lesquels il était impossible de s'expliquer avant d'avoir reçu des renseignements du Gouvernement tunisien;

Que l'on doit ranger dans la troisième catégorie des notes sans signatures, sans aucun caractère d'authenticité, et dont le général Benaïad ne pouvait pas même désigner les auteurs;

Que dans la quatrième catégorie se rangent des comptes ou notes de frais signés par Benaïad ou par ses agents; qu'il doit établir, d'une part, qu'il était autorisé à faire ces dépenses, et, de l'autre, que les dépenses se sont élevées à la somme qu'il réclame;

Qu'enfin, la cinquième et dernière catégorie se compose de lettres écrites par Son Altesse le Bey, par le Kasnadar ou par d'autres; que ces lettres contiennent seulement la demande adressée au général Benaïad de certains objets; mais qu'elles ne prouvent point que les objets demandés aient été envoyés par le général Benaïad, et surtout que le prix soit réellement celui qu'il porte dans son compte;

Qu'en conséquence, et en résumé, pour les fournitures relatives à la Gorfa, le général Benaïad devait produire le registre signé du Bey, qu'il a entre les mains, et sur lequel se trouve consigné le prix convenu avec le Gouvernement; que pour les fournitures concernant la ferme des cuirs, le Général était également tenu de représenter l'amra de fermage qui détermine également les prix; que pour les fournitures de vinaigre et d'olives, elles avaient été déjà portées au débit du Gouvernement; que, dans tous les cas, il y avait obligation de fournir, d'une manière quelconque, la preuve de la sincérité des prix qui sont réclamés; qu'enfin, pour les briques, marbres, bois de construction, diamants, le Général n'ayant été que l'agent du Gouvernement, ne pouvait se faire rembourser que ce qu'il avait réellement déboursé; qu'il devait représenter les factures des marchandises vendues;

Considérant que les teskérés que les agents de Son Altesse le Bey ont signalés comme ayant été compris dans des règlements antérieurs sont de l'année 1269, et, par conséquent, postérieurs aux comptes arrêtés en 1268 et à la délégation délivrée à la même époque; que c'est là, du moins, l'allégation du général Benaïad; qu'elle n'est point contredite par les agents de Son Altesse le Bey; qu'il n'y a donc pas lieu de s'arrêter à l'idée d'un double emploi;

Considérant que le général Benaïad reconnaît qu'en effet des bons ont été délivrés par lui pour certains objets, en échange des teskérés qui lui avaient été remis, et que par suite de la rupture ou par d'autres causes, ces bons n'ont pas été acquittés; qu'ils s'élèvent, en totalité, à 270,000 piastres; que les agents de Son Altesse le Bey n'opposent aucune contradiction à cette déclaration du général Benaïad; que, dès lors, elle doit être admise, et que sur le montant des réclamations qui devront être accordées au général Benaïad, il y aura à déduire la somme de 270,000 piastres;

Considérant qu'au milieu des assertions contradictoires des parties, il y a un fait incontestablement établi et même reconnu de part et d'autre, c'est que des fournitures considérables ont été faites par le général Benaïad à Son Altesse le Bey, et que le prix en est dû;

Mais qu'il est impossible, dans l'état actuel de la discussion, de statuer sur le montant des fournitures qui ont été faites et sur les prix auxquels Son Altesse le Bey doit en tenir compte; qu'on ne peut que poser les bases du règlement et tracer la marche qui doit être suivie pour y parvenir;

Qu'il faut placer dans une première classe toutes les fournitures constatées par des teskérés émanés de Son Altesse le Bey, du Kasnadar ou de ses agents, et relatifs soit à la Gorfa, soit à la ferme des cuirs;

Que, pour celles-ci, le prix devra être fixé d'après les tarifs qui ont été produits par les agents de Son Altesse dans la séance spéciale du 24 juin dernier, et acceptés par le général Benaïad ;

Qu'il y a lieu de ranger dans une seconde classe les titres émanés de personnes diverses, que les agents de Son Altesse le Bey déclarent ne pouvoir accepter sans avoir reçu des renseignements du Gouvernement tunisien, des actes, émanés de personnes dont la position et le caractère ne sont point établis, ne prouvant point que les fournitures ont été faites par les ordres de Son Altesse ou dans son intention, à des fonctionnaires ou à de simples particuliers autorisés à les recevoir ;

Que, dans la troisième classe, il faut comprendre les lettres émanées de Son Altesse le Bey, du Kasnadar ou d'autres agents ; que ces lettres ne pourraient, tout au plus, être admises que comme des commencements de preuves des fournitures dont elles contiennent la demande ; qu'il est d'autant plus impossible de les considérer comme des preuves complètes, que le général Benaïad, en faisant les fournitures, n'a pas dû se contenter d'avoir pour titres des lettres qui les lui demandaient, et qu'il a dû exiger des récépissés réguliers au moment où il effectuait la livraison des objets demandés ;

Considérant que l'on ne saurait s'arrêter à l'objection des agents de Son Altesse le Bey relative aux teskérés de fournitures du bois européen, des marbres, briques, faïences, etc., et qui consiste à soutenir que le général Benaïad, n'étant que l'agent du Gouvernement tunisien, ne peut exiger son remboursement qu'en justifiant par des factures émanées de ses vendeurs, des sommes qu'il a payées ; que rien ne prouve cette assertion que le général Benaïad était simplement mandataire de Son Altesse le Bey ; qu'il a donc le droit d'exiger le prix des marchandises par lui fournies au taux du commerce ; qu'à aucune époque il n'a été formellement déclaré, au nom de Son Altesse, que les prix portés dans les comptes fussent supérieurs au cours, et que rien ne tend à l'établir ;

Considérant que l'on doit également écarter l'observation touchant les fournitures de vinaigre et d'olives, par laquelle les agents de Son Altesse cherchaient à faire rejeter les teskérés relatifs à ces fournitures, en disant que du moment où les acquisitions de vinaigre et d'olives étaient faites, le Gouvernement était débité du montant de ces marchandises; qu'elles devenaient sa propriété et restaient cependant entre les mains du général Benaïad; que les teskérés donnés ensuite au fur et à mesure des livraisons ne constituaient pas le général Benaïad créancier, puisqu'ils ne faisaient que constater la remise des marchandises dont le Gouvernement était propriétaire;

Considérant qu'on ne peut supposer que des teskérés aient été remis au général Benaïad pour des marchandises dont il n'aurait été que dépositaire, de la même manière qu'on lui remettait des teskérés pour des marchandises qui lui appartenaient, et qu'il vendait à Son Altesse; que pour admettre ce système de comptabilité, il faudrait montrer dans les comptes, au débit du Gouvernement, le prix des quantités de vinaigre et d'olives énoncées ensuite dans des teskérés, sans qu'il pût s'élever aucun doute sur l'identité des fournitures portées dans les comptes et dans les teskérés; que les agents de Son Altesse le Bey n'ont point fourni cette démonstration,

EST D'AVIS

Qu'il y a lieu de décider :

Que les parties règleront ce compte entre elles;

Que les bases suivantes doivent être posées pour ce règlement :

1° Le général Benaïad est créancier pour le montant des fournitures par lui faites;

2° Les titres émanés de personnes diverses, que les agents de Son Altesse déclarent ne pas connaître, ne sont pas admissibles;

3° Les lettres de Son Altesse le Bey, du Kasnadar et d'autres agents, ne sont pas des preuves suffisantes des fournitures demandées;

4° Les fournitures de bois, de marbres, de faïences, seront payées aux prix portés par le général Benaïad;

5° Il en sera de même pour les fournitures de vinaigre et d'olives;

6° Les fournitures de la Gorfa et de la ferme des cuirs seront allouées au général Benaïad selon les prix du tarif produit et accepté;

7° Sur le montant de la créance du général Benaïad, devra être déduite la somme de 270,000 piastres, à raison des bons du Général qui n'ont point été payés.

5° 865,000 piastres, prix de 35,000 métaux d'huile à 30 piastres le métal, qui seraient dues par Son Altesse le Bey au général Benaïad.

LE COMITÉ,

Considérant que le général Benaïad établit ainsi son compte pour ces 35,000 métaux :

17,637 m	10 saas	3/4	portés dans un règlement de compte du 5 rebi-el-tani 1268;
16,051	15	10	portés dans des teskérés délivrés pour fournitures faites depuis le règlement de 1268;
33,689	8	6	
1,400	»	»	environ, portés dans des teskérés retenus à Tunis et pour lesquels le Général fait d'expresses réserves;
35,089	8	6	

Considérant que les réclamations élevées par Son Altesse le Bey, relativement à une certaine quantité de métaux d'huile qu'il entend lui être due par le général

Benaïad, ne peuvent avoir aucune influence sur le chef de demande actuel; que, dans ces réclamations, Son Altesse soutient que, nonobstant le règlement du 5 rebi-el-tani 1268, dont il reconnaît l'existence, il y a eu dans les comptes antérieurs des erreurs ou des omissions dont le redressement le constituerait créancier d'un nombre assez considérable de métaux; que ces réclamations ont été déjà appréciées; qu'on doit ici se borner à examiner si la demande relative aux 35,000 métaux est bien fondée;

Que, pour les 17,637 métaux 10 saas 3/4 portés dans le règlement de 1268, il n'y a aucune difficulté; que les agents de Son Altesse, en se réservant l'effet de leurs réclamations antérieures, admettent le règlement et le chiffre qui s'y trouve porté;

Que, même sur les 16,051 métaux, objet des teskérés produits par le général Benaïad, ils reconnaissent que celui-ci est en droit d'exiger 1845 métaux 1 saa, mais qu'ils contestent le surplus;

Qu'en conséquence, il faut accorder au général Benaïad sa demande jusqu'à concurrence de 19,843 métaux 11 saas 3/4;

Que pour le surplus des 16,051 métaux, c'est-à-dire, 14,206 métaux 12 saas 10, les agents de Son Altesse le Bey établissent les distinctions suivantes :

Qu'ils soutiennent d'abord qu'un premier article de 9,750 métaux se décompose ainsi :

3,750 métaux portés dans un teskéré du Bey, et 4,000 métaux portés dans un autre teskéré sur Salah Cheboub;

Que ces deux teskérés n'ont point été délivrés au général Benaïad pour des versements réellement effectués, mais en contrepassement des revenus des dîmes et saas de Bizerte, revenus qui cependant sont réclamés par le général Benaïad, et dont l'allocation constituerait un double emploi.

Considérant que les deux teskérés sont entre les mains du général Benaïad; qu'ils forment un titre régulier à son profit; que les quantités qui y sont énoncées doivent lui être allouées;

Que, quant à la question de savoir si, par la délivrance des deux teskérés, Son

Altesse le Bey s'est libérée jusqu'à due concurrence sur les revenus de Bizerte, il a déjà été statué sur ce point au § 2 de la section du numéraire, et que, par conséquent, les 9,750 métaux doivent être portés ici au crédit du compte du général Benaïad ;

Que le second article sur lequel porte la contestation des agents de Son Altesse se compose de 4,327 métaux 05, contenus dans des teskérés tirés par Son Altesse le Bey sur Chaban Mokadem ;

Que les agents de Son Altesse soutiennent que c'est Chaban Mokadem qui est véritablement créancier des 4,327 métaux, puisque c'est lui qui les a versés ; qu'à l'appui de cette assertion, ils produisent une supplique de Chaban Mokadem adressée à Son Altesse le Bey, dans laquelle il demande que Son Altesse retienne les teskérés délivrés sur lui jusqu'à ce que le général Benaïad lui ait donné les reçus qu'il lui doit ;

Qu'ils ajoutent que sans doute le Gouvernement doit faire honneur à sa signature, mais que les teskérés ne sont pas au porteur et que Son Altesse ne doit les accepter qu'autant que celui qui les produit justifie qu'il en est légitime propriétaire ; que, sans cela, il s'exposerait à une grave responsabilité envers le véritable titulaire, surtout lorsque celui-ci, comme dans le cas particulier, a fait connaître ses prétentions ;

Considérant que le teskéré se trouve entre les mains du Général, par le motif qu'il a payé à la décharge de Chaban Mokadem, dont il était caution, le fermage dû par celui-ci ; qu'il justifie cette allégation par la production d'un règlement revêtu de la signature de Son Altesse le Bey ; qu'il était juste que le titre lui fût donné, puisqu'il avait payé la dette ; qu'enfin, il établit, par le règlement du 5 rebi-el-tani 1268, que dans ses comptes avec le Bey il a été débité, pour le compte de Chaban-el-Mokadem, de 57,400 métaux ; que, dans la lettre de ce dernier, il ne s'agit que de 35,000 métaux ; qu'ainsi il serait encore débiteur de 22,000 métaux. (Voir la lettre de Chaban, observations du général Khérédine, page 39.)

Qu'il est donc certain que le général Benaïad a droit de réclamer les 4,327 métaux, et que le Gouvernement tunisien ne doit avoir aucune inquiétude sérieuse sur les suites de la supplique de Chaban-el-Mokadem.

Considérant que le troisième article, de 129 métaux 7 saas 10, doit être repoussé par le motif que les teskérés produits par le général Benaïad sont émanés de personnes dont les agents de Son Altesse le Bey déclarent ne connaître ni les fonctions, ni les pouvoirs, ni même les signatures, et que le général Benaïad ne fournit aucune justification à cet égard;

Qu'enfin, le général Benaïad ne produit pas les teskérés relatifs aux 1,400 métaux formant le dernier article; qu'ainsi, cette partie de sa demande reste sans justification,

EST D'AVIS

Qu'il y a lieu d'admettre :

1° Les 19,483 métaux 11 saas 3/4 sur lesquels il n'y a pas de contestations;

2° Les 9,750 métaux portés dans les teskérés produits par le général Benaïad;

3° Enfin, les 4,327 métaux portés au teskéré tiré sur Chaban-el-Mokadem;

En somme, 33,560 métaux 11 saas 3/4.

6° 3,624,175 piastres, pour prix de 11,000 caffis de blé et 26,000 caffis d'orge fournis par le général Benaïad à Son Altesse le Bey.

Cette réclamation se rattache à l'affaire de l'Alpha, de la Koucha et de la Rabta, sur laquelle il a déjà été statué. (Voir 1re partie, 2e section.)

§ III. 1° 2,000,000 de piastres formant le minimum du bénéfice de la ferme des cuirs et des tabacs pendant l'administration des agents du Bey (les chances de perte ou de bénéfice appartenant au général Benaïad).

LE COMITE,

Considérant que Son Altesse le Bey ne conteste pas le droit qu'a le général Benaïad d'exiger les bénéfices que peuvent avoir produits les fermages; qu'il soutient seulement que la somme à laquelle le Général les élève est exagérée; que cela ne peut être douteux, puisque, lorsque le Général gérait lui-même, il se plaignait qu'il n'avait que de la perte; que, d'ailleurs, il est impossible que des fermages qui ne s'élèvent qu'à 2,500,000 piastres aient pu donner au fermier un bénéfice de 2,000,000 de piastres; qu'enfin, la comptabilité de ces fermages est très-régulièrement tenue et qu'elle fournira les moyens de déterminer exactement ce qui peut être dû de ce chef au général Benaïad;

Considérant qu'il est nécessaire, pour éviter toute confusion, de statuer séparément sur la demande relative à la ferme des cuirs et sur la demande relative à la ferme des tabacs;

Considérant que, pour la première, la question de savoir à quelle somme se sont élevés les bénéfices, a déjà été examinée au sujet de la demande de Son Altesse le Bey contre le général Benaïad, en payement des prix du fermage des cuirs pour les années 1266-1267 et 1267-1268 (Voir 1re partie; Numéraire, § 7.);

Considérant, en ce qui touche les bénéfices de la ferme des tabacs, que les agents de Son Altesse ayant fait la perception des revenus et devant en rendre compte au général Benaïad, c'était à Son Altesse de présenter un compte régulier, accompagné de pièces justificatives ;

Considérant que les agents de Son Altesse le Bey ont remis une note sommaire et en quelques lignes, qui ne peut servir de base à une décision éclairée ; que, dans cette note, le total des revenus de la ferme est présenté en bloc, sans aucun détail, sans aucune justification, comme s'élevant à la somme de 1,490,361 p. 8 ; que les déductions à opérer, pour arriver au revenu net, sont indiquées en sept ou huit articles également dépourvus de tout développement et de toutes pièces à l'appui ; qu'en résultat, et d'après le document produit, le bénéfice net ne s'élèverait qu'à 5,647 piastres ; qu'il n'est guère vraisemblable que, lorsque le prix du fermage était de 1,000,000 de piastres, l'avantage pour le fermier se soit réduit à 5,000 piastres ; que, sans doute, le fermier a pu se tromper dans ses calculs et rencontrer même une perte là où il espérait trouver des profits ; mais que, selon les probabilités, les résultats ont dû être différents ; qu'ainsi, la communication et les calculs des agents de Son Altesse le Bey ne peuvent être acceptés ;

Considérant que, de son côté, le général Benaïad, s'emparant de quelques-uns des chiffres de la note des agents de Son Altesse le Bey, prétend établir que les bénéfices nets d'une année s'élèvent non-seulement à un million de piastres, conformément à sa demande, mais bien à 1,473,416 piastres ;

Que, pour arriver à ce chiffre, le général Benaïad pose comme un fait incontestable que le prix d'acquisition des tabacs s'est élevé à 524,886 piastres ; qu'il soutient que pour déterminer le prix de la revente, il faut prendre pour base un document duquel il résulte que des tabacs de différentes qualités ayant coûté 1,156 piastres, ont été revendus 6,100 piastres ; que, calculant d'après cette proportion, il établit que les quantités achetées 524,886 piastres ont dû être revendues 2,769,727 piastres ; qu'il soutient que c'est cette somme qui constitue réellement le produit net, au lieu de celle de 1,490,361 piastres indiquée dans la note des agents de Son Altesse ; que cette première observation fait ressortir à son profit une différence de 1,279,366 piastres ;

Qu'il déclare, en outre, repousser plusieurs déductions contenues dans le compte des agents de Son Altesse ; qu'il demande, notamment, le rejet des frais d'administration et de fabrication, du prix des constructions, d'ameublement, du traitement du directeur ;

Considérant que ces observations ne peuvent être accueillies ; que, notamment, la proportion entre le prix de la revente et le prix d'achat des tabacs n'est point justifiée,

EST D'AVIS

Qu'il convient de décider que les agents de Son Altesse le Bey, lors du règlement que Son Altesse fera avec le général Benaïad, présenteront un compte complet et détaillé du revenu de la ferme des tabacs ; que, pour cela, ils devront alors fournir une copie exacte et entière des registres sur lesquels se trouvent consignées, article par article, les recettes et les dépenses de la ferme des tabacs, et toutes les pièces à l'appui.

2° Bénéfice de l'affermage de Bizerte, Toubourba et autres, dont les fruits auraient été perçus par les agents de Son Altesse le Bey, bien que les fermages appartinssent au général Benaïad.

Il a été statué sur cette affaire dans la 1re partie, Numéraire, section 5e, § 2.

§ IV, V, VI, VII,

1° 3,000,000 de piastres pour dommages causés à des approvisionnements de marchandises, notamment des fournitures d'étoffes pour l'habillement de l'armée.

2° 1,500,000 piastres pour dépenses d'établissement de la Monnaie de cuivre, achat de machines et de 150,000 kilos de cuivre.

3° 10,000,000 de piastres, évaluation au minimum des créances dues par divers particuliers dans la Régence au général Benaïad et dont le Gouvernement aurait empêché le recouvrement par son séquestre.

4° 10,000,000 de piastres pour dommages causés aux propriétés immobilières du Général, qui auraient été également séquestrées ou confisquées, pour indemnités à raison des sommes non liquidées par la faute du Gouvernement tunisien, et pour indemnités que le Général réclame à cause de la violation et de la rupture des contrats.

LE COMITÉ,

Considérant que la plupart des faits respectivement allégués au sujet des demandes comprises dans ces paragraphes sont dénués de preuves; qu'ainsi, il est impossible de statuer sur chacun des chefs de demande;

Mais qu'il convient de poser les principes d'après lesquels les prétentions de Son Altesse le Bey et celles du général Benaïad doivent être appréciées,

EST D'AVIS

1° Que le général Benaïad est mal fondé à réclamer des dommages-intérêts à raison de la rupture des traités et des conventions qui étaient intervenues entre lui et le Gouvernement tunisien, attendu que c'est à son éloignement de la Régence et aux circonstances qui l'ont accompagné que cette rupture doit être attribuée ;

2° Que le Gouvernement a eu raison de considérer comme impossible l'exécution des traités, en raison de leur nombre, de leur importance et de leur nature, alors que le général Benaïad avait fixé sa résidence en France, avec l'intention bien constante de ne plus revenir à Tunis ;

3° Qu'il faut également reconnaître que lorsque le général Benaïad a quitté la Régence, il était comptable envers le Gouvernement à divers titres; qu'il avait disposé de valeurs dont le déplacement était formellement interdit ; que, dans une pareille situation, Son Altesse le Bey a agi dans la plénitude des droits qui appartiennent à tout Gouvernement, et selon les règles de la prudence, en prenant des mesures conservatoires pour empêcher l'aliénation des biens immeubles, la distraction des valeurs mobilières appartenant au Général et le payement entre ses mains des sommes qui pouvaient lui être dues ; que, dès lors, si quelque préjudice a été la suite indirecte de ces mesures, il ne peut être le fondement d'une demande en dommages-intérêts pour le Général ;

4° Que, cependant, dans le cas où il serait constaté que des actes d'une rigueur excessive, ou des fautes grossières imputables aux agents du Gouvernement tunisien, auraient causé à ses propriétés des dommages matériels, il aurait droit d'en demander la réparation à Son Altesse ;

5° Qu'à plus forte raison, il est autorisé à réclamer de Son Altesse la remise de tous les objets, sommes et valeurs provenant de ces biens, qui auraient été saisis ou reçus par le Gouvernement ;

6° Qu'il n'est pas contesté que la loi tunisienne, loi civile et religieuse, à laquelle est soumis le général Benaïad dans ses relations avec le Gouvernement tunisien, ne permet pas d'accorder des intérêts pour retard dans le payement des sommes dues;

Qu'ainsi, quel que soit le résultat des comptes, il ne peut être alloué d'intérêts.

LES MEMBRES DU COMITÉ :

(Signé) : — Le Pr Pt Cte PORTALIS, Pt. — Mis de GABRIAC. — DUVERGIER. — A. MARCHAND. — ARMAND LEFEBVRE.

LE MINISTRE DES AFFAIRES ÉTRANGÈRES,
Signé : A. WALEWSKI.

Paris, le 30 novembre 1856.

Manû propriâ. APPROUVÉ :
NAPOLÉON.

(L. S.)

POUR AMPLIATION :

Le Ministre Secrétaire d'État au Département des Affaires étrangères,
Signé : A. WALEWSKI.

(L. S.)

TABLEAU

Des Sommes allouées aux deux parties par la sentence impériale.

PARAGRAPHE PREMIER.

Sommes allouées sur les réclamations du Gouvernement tunisien.

PAGES de la sentence.		VALEURS, piastres.		NUMÉRAIRE, piastres.	
6 et 7	**Affaires de la Banque**	3,277,750	» »	995,850	» »
	Teskérés d'exportation d'huile.				
21	Sur les 13,000,000 (prétendue cession Pastré)	7,625,000	» »		
22	Sur les 10,000,000 (prétendue cession Donon)	10,000,000	» »		
	Kabta, Alpha, Koucha.				
	Le sieur Benaïad est obligé de rendre compte au Gouvernement des rentrées opérées par lui en blé et en orge pendant les années 1267 et 1268, suivant les comptes de Bahram et de Ben-Abbas, auxquels il faudrait ajouter le reliquat des derniers comptes rendus par lui au Gouvernement, sur le blé et l'orge, et le montant des arriérés dont la rentrée a été opérée par lui ou par ses agents, d'après les registres du Gouvernement, ainsi que le solde du compte de l'orge de l'année 1259, pour lequel article le sieur Benaïad a été condamné à se conformer aux registres du Gouvernement, et d'après lesquels le sieur Benaïad reste débiteur de 13,837 caffis d'orge. Quant à la Koucha, le sieur Benaïad doit en régler le compte d'après celui de Bahrini, avec les modifications y apportées par l'amra de 1264. Et le sieur Benaïad, de son côté, doit être crédité du montant des fournitures faites par lui en blé et en orge en 1267 et 1268	Mémoire.			
	Huiles.				
28	Métaux . . . . 1341 11 — Solde des huiles reçues de *Ahmet-ben-Cheik*. Id. id. 1225 » — sur le fermage de Tastour et Touboursouka 1264; Id. id. 7000 » — Fermage de Tiach pour l'année 1264. Métaux . . . . 9566 11 — à raison de 30 piastres le métal			287,002	1/2
	Numéraire.				
40	Différence entre les sommes reçues par le sieur Benaïad sur les fermages à lui délégués et les fournitures par lui faites de 1261 à 1266 inclusivement			848,907	» »
44	Pour les fermages de l'année 1267, sauf au sieur Benaïad à réclamer le montant des fournitures pour ladite année			3,809,810	3/4
	A reporter	20,902,750	» »	5,941,570	1/4

PAGES de la sentence.				VALEURS, piastres.		NUMÉRAIRE, piastres.	
	Report.			20,902,750	» »	5,941,570	1/4
45 et 46	Pour le fermage de l'année 1268, sauf à créditer le sieur Benaïad des revenus de la ferme des tabacs et du montant de ses fournitures en 1268.					1,788,500	
51	Fermages de Bizerte, Ras-el-Djebel et Toubourba, en piastres.		2,800,000 »				
	Desquels il y a à déduire ce qui a été alloué à Benaïad sur ce chef, soit :						
	1944 caffis blé, à 150 p. le caffis, en piastres.	291,600 »					
	3390 caffis orge, à 75 p. le caffis, en piastres.	254,250 »	1,766,450 »				
	38,720 métaux d'huile, à 30 p. le métal, en piastres.	1,161,600 »					
	En numéraire.	59,000 »					
			1,033,550 »			1,033,550	
55	Solde des comptes de Gerbi de 1267 et 1268.					1,406,000	
56	Somme payée pour Benaïad, suivant reçu du 17 heczia 1251, sauf à ce dernier à faire valoir les droits qu'il pourrait avoir sur la propriété de la maison.					46,000	
59	Fermages des cuirs de la tannerie, à partir du mois de chaban de l'année 1266, en piastres. . . . . 4,100,000 »						
	A déduire pour autant payé par le sieur Benaïad à Son Altesse le Bey, en piastres. . . . . 1,500,000 »						
	Net. . . . . 2,600,000 «						
	Sauf à porter au crédit du sieur Benaïad le montant du bénéfice de la ferme pendant les huit derniers mois de 1267 et pendant l'année de 1268.					2,600,000	
63	Fermage de la monnaie d'argent pendant cinq ans, depuis le 22 ramadan 1263.					525,000	
73	Montant des fermages de l'année 1268, sauf à créditer le sieur Benaïad des revenus de Ouatan et de Métallit.					760,000	
76	Fermage des terres du Gouvernement.					24,000	
95	Prix des marchandises de la Gorfa.					46,875	
	Total.			20,902,750	» »	14,171,495	1/4

N. B. — Le sieur Benaïad est condamné à payer au Gouvernement les frais de transport des marchandises expédiées à Londres, lesquels s'élèvent à francs.	41,000	» »
Le sieur Benaïad est condamné à payer au Gouvernement la somme de 1,500,000 francs, après déduction de la contre-valeur de piastres, au taux du change du jour de son versement.	1,500,000	» »
Tolal.	1,541,000	» »

PARAGRAPHE DEUXIÈME.

Sommes allouées sur les réclamations du sieur Benaïad.

PAGES de la sentence.			VALEURS, piastres.		NUMÉRAIRE, piastres.	
21	Il a été accordé au sieur Benaïad de garder sur les 13,000,000 (prétendue cession Pastré), en teskérés.		5,375,000	» »		
103 et 104	Délégation sur la ferme des cuirs (cession Périer frères), en piastres.	4,870,000 »				
	Sauf à déduire le montant des teskérés émis par le sieur Benaïad, en payement des fournitures et du montant de l'obligation souscrite par Benaïad pour solde, et qui s'élève en piastres à.	154,282 »			4,715,718	» »
123	Solde de la délégation d'un million par an sur la ferme des tabacs, pendant les années 1267 et 1268.				3,158	» »
127	Pour fournitures diverses jusqu'au jour du départ du sieur Benaïad.				1,147,382	» »
128	Approvisionnements et fonds de roulement de la ferme des tabacs, sous les bénéfices éventuels de la déduction de 170,000 piastres, pour lesquelles les agents tunisiens n'ont pas encore produit de reçu.				962,827	» »
141	Montant des huiles réclamées par le sieur Benaïad; métaux, 33,560 3/4, à raison de 30 piastres le métal.				1,006,822	» »
	Total.		5,375,000	» »	7,835,907	1/2

Récapitulation.

Total des sommes allouées en numéraire au Gouvernement tunisien, en piastres.	14,171,495	1/4
A déduire, le montant des sommes allouées au sieur Benaïad, en piastres.	7,835,907	1/2
Reste dû par le sieur Benaïad, en numéraire.	6,335,587	3/4
Sommes allouées au Gouvernement tunisien en teskérés d'exportation d'huiles et billets de banque, après déduction des 5,375,000 p. alloués au sieur Benaïad, en teskérés d'exportation.	20,902,750	» »
Total des sommes que le sieur Benaïad est obligé de restituer au Gouvernement tunisien. sauf les comptes qui sont encore à régler entre les parties.	27,238,337	3/4

CONCLUSION.

Les dispositions de la sentence qu'on vient de lire et le tableau dont on l'a fait suivre, ont pu faire apprécier aux lecteurs l'importance des résultats acquis, et la nature des principes posés pour le règlement définitif des comptes entre le Gouvernement de Son Altesse le Bey et M. Benaïad.

Il ressort de ce document, que :

M. Benaïad a été reconnu directeur infidèle de la Banque de Tunis, condamné à restituer les billets qu'il avait emportés en France et à rembourser en argent le montant de ceux qu'il avait mis illégalement en circulation (page 7);

M. Benaïad a été reconnu vendeur simulé et condamné à restituer 17 millions et demi de piastres, représentant les teskérés d'exportation d'huile que, contrairement à la vérité, il prétendait avoir négociés à des maisons françaises de Paris et de Marseille (pages 21 et 22);

M. Benaïad a été condamné à régler les comptes qu'il doit encore au Gouvernement, à Tunis même, suivant le désir exprimé par le Bey, et conformément aux registres du Palais (page VII).

Si quelques-unes des demandes du Gouvernement n'ont pas été accueillies, c'est que le Gouvernement de Son Altesse le Bey, pris à l'improviste, n'avait pas réuni sur ces quelques points des preuves matérielles, mais seulement des preuves morales, tandis que M. Benaïad avait pu préparer son plan de longue main.

Ce sont là des faits incontestables : on a cru devoir les résumer avant de finir et l'on ne doute pas de l'impression qu'ils auront laissée sur le lecteur. Pour la partie liquidée et complétement terminée de l'affaire, M. Benaïad est, on l'a vu, tenu à restituer au Gouvernement de Son Altesse le Bey plus de 27 millions de piastres.

Quant aux comptes que la sentence a déclaré devoir être réglés à Tunis même, on conçoit que, vu le nombre et l'importance des réclamations élevées réciproquement, le résultat n'en puisse être connu de quelque temps, et que le règlement définitif permettra seul de juger en faveur de qui il se balance : toute allégation à ce sujet serait donc, de quelque part qu'elle vînt, prématurée et suspecte en ce moment. Mais ce règlement définitif sera publié en temps et lieu, et l'on pourra se convaincre que cette fois encore la justice et l'avantage seront du côté du Gouvernement de Son Altesse le Bey.

LE GÉNÉRAL **KHÉRÉDINE**,
Fondé de pouvoirs de S. A. le Bey de Tunis à Paris.

TABLE DES MATIÈRES.

Paris. — Typographie de E. Penaud, Faubourg-Montmartre, 10.

www.ingramcontent.com/pod-product-compliance
Ingram Content Group UK Ltd.
Pitfield, Milton Keynes, MK11 3LW, UK
UKHW031851260826
14628UKWH00002B/714

9 782014 033052